Odio per se stessi

Perché odiamo noi stessi?

- Come superare l'odio per se stessi e ritrovare la pace mentale

Autore MuR

5 aree di saggezza di vita in questo libro

Questo libro comprende il tema dell'odio per se stessi, come guarire da vari traumi, come evitare di farsi male nella vita quotidiana, approfondimenti sulle relazioni e sulla maturità psicologica.

The MuRu Center

Odio per se stessi

Perché odiamo noi stessi
- Come superare l'odio per se stessi e ritrovare la pace mentale
Autore MuRu

| Il libro è pubblicato da Kyunghee Lee
Dove vengono pubblicati i libri | Il Centro MuRu
| Invia un'e-mail a philosophus@naver.com
ISBN 979-8-9922999-7-7

Questo libro è dedicato alla coscienza e all'incoscienza collettiva dell'umanità. È una testimonianza del nostro spirito creativo condiviso, che si tratti di letteratura, arte, ingegneria, ricerca scientifica, musica, performance o persino di momenti di svago, tutti frutto dei nostri sforzi unitari. Che tocchi il cuore di una sola persona o quello di miliardi, il valore intrinseco di una creazione rimane lo stesso: tutto ciò che ognuno di noi crea è essenzialmente una co-creazione dell'intera specie umana. Non importa quanto utile o famoso possa essere, non importa quanto piccolo o insignificante, tutto conta nel grande arazzo dell'impegno umano.

Non cercate di essere felici, ma create la "felicità stessa".

- MuRu

INDICE

Prefazione: Non si può vivere odiando se stessi

"Sbloccando le catene inconsce dell'odio per se stessi, troverete soluzioni non solo ai vostri problemi, ma anche ai problemi con gli altri e a molti dei problemi della vita".

- Era un caso molto strano

È successo molto tempo fa. Una persona venne da me a chiedere aiuto per un problema. Era un problema psicologico. La parte più importante era un'immagine negativa di sé. Aveva molta negazione di sé, autoironia e sfiducia in se stesso. È stato influenzato negativamente da suo padre fin da piccolo. Mio padre era un uomo di successo sociale, ma la sua educazione era tossica per i suoi figli. Per quanto si impegnasse e ottenesse risultati, non riusciva mai a raggiungere la soddisfazione del padre. Anche quando tornava a casa con i migliori risultati nelle competizioni, veniva sempre accolto con un rimprovero: "È tutto quello che sai fare?". Fortunatamente ho trascorso una notevole quantità di tempo con lui e alla fine ho ricostruito la mia autostima e la mia immagine di sé in frantumi, ma non è stato un percorso facile.

Il "caso strano" di cui ho parlato prima è stato all'inizio. Un giorno gli dissi con forza che la sua "immagine negativa di sé", che consisteva in negazione, svalutazione e sfiducia in se stesso, non era ciò che era e non era chi era. In particolare, si trovava nella fase in cui doveva affrontare . La sua reazione fu molto strana. Sembrava offeso da qualcosa. Vedevo che si sentiva come se venisse ignorato, negato e attaccato quando menzionavo gli aspetti negativi di sé che "non erano chi era in quel momento". Cercava di proteggerli, anche se erano aspetti di sé che doveva elaborare e lasciar andare per il suo bene.

Ho capito: "Oh, le persone danno per scontato il loro io negativo! Avevo visto una manifestazione della "psicologia dell'odio per se stessi" delle persone.

◆◆◆

Solo molto più tardi mi è venuto in mente il tema dell'odio per se stessi. Incontrando molte persone attraverso il coaching, la consulenza, la formazione e i gruppi di studio sulla psicologia umana e sulla coscienza, mi sono convinta che molti dei nostri problemi sono legati all'io.

Quando ho iniziato a parlare di questo argomento con le persone che mi circondavano, la maggior parte di loro era disinteressata o negativa: non comprendevano ancora i meccanismi dell'odio per se stessi e la gravità del fenomeno. Ora le cose sono cambiate. La maggior parte delle persone è interessata all'argomento. Ciò significa che più persone stanno lottando con questo problema e più persone vogliono una soluzione.

In misura maggiore o minore, tutti noi viviamo con un senso di odio per noi stessi. A volte si tratta di un po' di auto-vigilanza o di auto-riflessione, altre volte di un moderato rimpianto. In altri casi, si tratta di un'intensa autodiscriminazione, disgusto, autocolpevolizzazione, senso di colpa o disperazione. Tutti hanno intensità diverse, ma sono tutti odio per se stessi: si odia se stessi.

L'odio per se stessi rende la vita infelice. Vi impedisce di vivere la vita al meglio e di godere di ciò che avete da offrire. Spreca la motivazione e l'energia e rende la vita difficile a voi e a tutti coloro che vi circondano

Soprattutto in Corea, che rappresenta una società di fatica e una società competitiva, la psicologia dell'odio di sé individuale e di gruppo è molto forte nella struttura sociale. Sorprendentemente, molte persone vivono la loro vita senza rendersi conto di essere inclini all'odio di sé. Non è estraneo alla struttura sociale altamente competitiva e oppressiva, e non viene riconosciuto come un problema perché capita a tutti.

L'odio per se stessi è una diagnosi. Lo scopo di questo libro è quello di scoprire, comprendere e approfondire la psicologia o il fenomeno sottostante. Il secondo scopo è condividere prospettive e metodologie concrete per affrontare e superare questo problema. Sia nella sfera individuale che in quella collettiva.

Il primo passo consiste nel riconoscere che siamo impegnati in un eccessivo odio verso noi stessi, sia a livello conscio che inconscio. Come per ogni problema, dobbiamo prima riconoscere che esiste prima di poter passare alla fase successiva. Il passo successivo consiste nell'affrontarlo. Non si può continuare a odiare se stessi. Questo non significa che si debba ignorare il problema. L'odio per se stessi non si risolve sopprimendo, reprimendo, evitando o ignorando il problema. Queste risposte non fanno altro che aggravare il problema o creare effetti collaterali. Ciò di cui abbiamo bisogno è la strada giusta, non l'evitamento, la repressione o l'ignoranza. Dobbiamo stabilire un atteggiamento nei confronti della vita che non sia né immerso, né represso, né evitato, cioè che sia disposto ad abbracciare e ad andare oltre. Per la nostra felicità e per quella degli altri, questo libro è scritto con questa intenzione.

I contenuti principali dei 5 capitoli di questo libro sono i seguenti.

-Capitolo 1 <Come l'amore per se stessi è diventato odio per se stessi?> offre un'analisi dettagliata della psicologia nascosta e delle cause fondamentali dell'"odio per se stessi", che è il tema centrale di questo libro. Sorprendentemente, non comprendiamo bene la nostra psicologia. Nel Capitolo 1, esaminiamo perché arriviamo a odiarci e quale sia la nostra psicologia originale. Attraverso questo, scopriamo che l'odio per se stessi non è veramente odio per se stessi, e ci liberiamo da esso. Diventiamo capaci di trattare noi stessi in modo equo e oggettivo.

I successivi quattro capitoli sono sia aree indipendenti sia scritti per aiutare a risolvere il problema dell'odio per se stessi. In altre parole, il contenuto dei quattro capitoli dopo il Capitolo 1 può essere utilizzato per risolvere il problema dell'"odio per se stessi", ma non solo: ogni capitolo contiene anche contenuti molto utili per risolvere indipendentemente vari problemi psicologici, relazionali e quotidiani della vita.

-Capitolo 2 <Come l'odio per se stessi diventa odio verso gli altri?> tratta dell'odio verso gli altri, ovvero della "proiezione". Gran parte dell'odio per se stessi deriva da proiezioni patologiche e negative. L'odio verso gli altri è una proiezione dell'odio per se stessi. Chi ama se stesso in modo sano non odia mai ingiustamente gli altri. Le persone vivono in proiezioni malsane senza rendersene conto. Più comprendiamo la nostra psicologia proiettiva, più possiamo liberarci dall'odio per se stessi e dall'odio verso gli altri.

-Capitolo 3 <'Io' non sono un essere determinato dal contenuto> parla dell'identità. L'identità è la questione più importante nella vita, a cui tutti sono interessati. La società e gli adulti dovrebbero aiutare i bambini a sviluppare un'identità appropriata, ma spesso gli adulti stessi non hanno un'identità sana e chiara. Attraverso questo capitolo, comprendiamo l'essenza dell'identità che conoscevamo inconsciamente e vagamente, e impariamo come sviluppare un'identità sana e matura.

-Capitolo 4 <Le ferite non vanno evitate, ma rese insignificanti> parla di "ferite e guarigione". L'odio per se stessi deriva dalle ferite emotive ricevute in passato dagli altri e dal mondo. Questo capitolo tratta specificamente di come guarire e affrontare queste ferite. Impariamo a non ossessionarci delle ferite, a non evitarle o reprimerle, ma a "contenerle e superarle".

-Capitolo 5 <A coloro che sognano di essere protagonisti delle relazioni> riflette sulle "relazioni ed empatia". È una storia sulle "relazioni umane". L'odio per se stessi non è solo un problema individuale, ma anche collettivo. Vediamo la vita e il mondo dal punto di vista del "sé individuale", ma questa prospettiva ha inevitabilmente dei limiti. Siamo esseri relazionali e ci completiamo attraverso le relazioni. La seconda parte di questo capitolo introduce una nuova prospettiva chiamata "uno con due polarità" e "due verità". Non siamo né due entità separate né un'unica entità omogenea. È quando ogni polo mantiene la propria unicità mentre si armonizza con l'altro che si crea una nuova unità. Attraverso questa "espansione del sé", possiamo ultimamente trascendere l'odio per se stessi.

Ora intraprendiamo insieme questo interessante viaggio di pensiero. Tuttavia, c'è un presupposto fondamentale: quando trattiamo il tema dell'odio per se stessi, non limitiamolo solo a un problema individuale. Esistono problemi strutturali sociali, politici ed economici che lo provocano, e talvolta questi vanno oltre gli sforzi, la volontà e le capacità individuali. Quindi non diciamo che tutto può essere risolto solo con il cambiamento individuale. E nemmeno solo con il cambiamento sociale. Deve essere risolto in entrambi gli ambiti, individuale e sociale. I contenuti di questo libro non sono necessariamente limitati solo alla sfera individuale. I principi e le prospettive qui discussi possono essere estesi per risolvere anche fenomeni e problemi collettivi.

Se ci sono cose che possiamo e dobbiamo fare per il cambiamento sociale, facciamole al meglio delle nostre possibilità. Questo include la partecipazione a partiti politici, ONG, movimenti sociali. È possibile anche nelle varie comunità a cui apparteniamo. Facciamo del nostro meglio per ciò che possiamo fare esternamente. Allo stesso tempo, concentriamoci anche su ciò che possiamo fare internamente e individualmente con la prospettiva e l'approccio discussi nel mio testo.

◆◆◆

Le cinque saggezze della vita contenute in questo libro:

- Superare l'odio per se stessi, che è un amore per sé distorti, e recuperare l'auto-affermazione.
- Fermare l'odio ingiustificato verso gli altri, che è una proiezione esterna dell'odio per se stessi.
- Determinare la propria identità da sé stessi, non dagli altri o dalla società.
- Rendere insignificanti le ferite del passato senza 'reprimerle, distorcerle o evitarle'.
- Diventare padroni delle relazioni, non schiavi di esse.

Capitolo 1 Come l'amore per sé diventa Odio per se stessi?

1.1 In origine sono superiore, quindi odio me stesso

: L'amore per se stessi nascosto nell'odio per se stessi

Nessuno odia veramente se stesso.

Tuttavia, tutti odiano se stessi in qualche misura.

Soffrono per questo motivo.

Che cosa è successo?

Il motivo principale è la sottigliezza dell'odio per se stessi. Nessuno si odia apertamente o si fa del male. Al contrario, tutti noi ci amiamo molto. I nostri istinti più forti sono l'autoprotezione e l'autoconservazione. Cionondimeno, quasi tutti abbiamo sperimentato la psicologia dell'odio per se stessi, che passa da una debole autovigilanza al rimpianto, alla delusione e alla svalutazione di sé e infine all'odio per se stessi.

Tuttavia, c'è qualcosa che non dovremmo perdere di vista. La psicologia originaria dell'odio per se stessi è quella dell'amore per se stessi e dell'autosuperamento. Questo è vero sia all'inizio che alla fine, quindi il risultato finale non è l'odio per se stessi, ma il fare qualcosa per il proprio bene. L'odio per se stessi ha l'obiettivo di farvi innervosire o prestare attenzione a voi stessi, in modo che possiate diventare una "versione migliore di voi stessi". Può avere questo effetto. Ma il più delle volte gli effetti positivi sono minimi e quelli negativi sono amplificati. Questo è il problema.

Tutti vogliamo giustificare la nostra esistenza. Vogliono confermare la loro superiorità. Vogliono sentirsi e pensare di esserlo, ma la realtà che hanno davanti non è così. Non è all'altezza dello standard o del livello che si vuole che sia.

Ora, chi è lo standard e il livello di confronto? Questa è anche la vostra immagine. È l'immagine di voi stessi che avete nella vostra mente. Vi sentite e pensate a voi stessi come superiori e superiori. Non importa quale sia la realtà effettiva, dentro di voi è la "verità".

Questo "io" si sente deluso, limitato, inadeguato e incompleto perché non è ancora all'altezza di quello standard, quindi cerca istintivamente di compensare e proteggersi. Non voglio essere così inferiore e brutto.

A questo punto la nostra mente sviluppa e mette in atto una strategia molto intelligente. Separa il sé inferiore, brutto, dal sé reale (?) e ora diventa il sé superiore, oggettivando e disprezzando il sé brutto. Questo porta a una forma molto strana di autosalvezza. L'io si salva sacrificando l'io.

Le persone non notano i sottili meccanismi di distacco e autoprotezione che avvengono in questo processo. Lo capiscono solo in termini di odio per se stessi, di vergogna verso se stessi, di dubbi verso se stessi, di rimproveri verso se stessi, ecc. L'opposizione tra questi due regni confonde la persona e, senza comprendere appieno questa confusione, continua a lottare con l'insidioso autoinganno che la affligge.

Di conseguenza, la qualità della vita ne risente, la felicità quotidiana è minacciata e la validità dell'esistenza è danneggiata. Questa strategia di stabilire un sé brutto e un sé buono, e di maltrattare se stessi come se si maltrattassero gli altri, per ottenere una "autogiustificazione", può sembrare plausibile all'inizio, ma è destinata a fallire.

La prima ragione del fallimento è che non esiste un io brutto e un io buono. Cerchiamo di fare qualcosa creando cose che non esistono, e anche se all'inizio può sembrare che funzioni, col tempo diventa sempre più difficile e alla fine non migliora nulla. Le illusioni non creano la realtà.

Il secondo motivo per cui fallisce è che, dopo tutto, è un trucco. Un abile ma sciocco autoinganno della mente. Per quanto si cerchi di separarsi dal brutto e di diventare il buono, la mente sa fin troppo bene che le due cose sono inseparabili. Sa che le due cose sono inseparabili, che sono una cosa sola.

A volte proviamo uno strano piacere nel processo di auto-odio, disprezzo e disgusto, o l'illusione di aver superato e conquistato qualcosa. Ma anche un bambino dell'asilo sa che picchiarsi fa male, sia nel corpo che nella mente, eppure lo ripetiamo lo stesso. Perché non abbiamo notato i meccanismi nascosti descritti sopra. Non vediamo chiaramente i malintesi, gli errori strutturali e l'immaturità procedurale.

Per liberarsi dalla prigione dell'odio per se stessi, è necessario riconoscere chiaramente questa struttura e questo processo. Prima di tentare qualsiasi soluzione specifica, il primo passo è vedere chiaramente che l'intero processo di auto-separazione, auto-oggettivazione e odio per se stessi in cui ci si è inconsapevolmente impegnati era inizialmente un tentativo di rendersi più retti e superiori. Ma non funziona. Prima di tutto, questa intuizione, questo riconoscimento, deve essere chiaro. Dovete esserne consapevoli, non solo intellettualmente.

Il passo successivo consiste nell'affrontare le abitudini e la testardaggine del passato. La consapevolezza non risolve tutto. Le vernici a base di olio che si sono indurite sulle mani non si lavano via subito. Sono necessari diversi lavaggi per rimuoverle completamente. Un'auto che viaggia ad alta velocità da un po' di tempo non si ferma o cambia direzione immediatamente azionando i freni o girando il volante. Bisogna continuare ad applicare la forza finché non si perde l'inerzia.

Così come esiste l'inerzia nel mondo fisico, esiste anche l'inerzia nel regno della nostra mente. Anche se notiamo e riconosciamo qualcosa, abbiamo appena tirato i freni e girato la ruota. Ora abbiamo bisogno di tempo fisico perché l'inerzia delle "vecchie abitudini o della testardaggine" sia sufficientemente annullata. E questo va gestito con un po' più di attenzione rispetto all'inerzia fisica.

L'inerzia è inerzia. L'abitudine e la testardaggine non sono assolute. Non dobbiamo più lottare con loro, anche prima di averli affrontati. Soprattutto, non dobbiamo ripetere l'odio per noi stessi. Questa è la cosa più importante. Una volta riconosciuta la struttura e il processo intelligente ma sciocco dell'odio per se stessi, i freni sono già stati applicati e la ruota è girata. L'unica cosa che resta da fare è continuare a cambiare, notando in tempo reale che i sentimenti e gli orientamenti che ancora permangono sono solo abitudini e testardaggini. Accorgendosene, ci si è già fermati e si è cambiato direzione.

◆◆◆

Sintesi

Nessuno odia veramente se stesso, ma tutti si odiano in qualche misura. Questo deriva dalla sottigliezza dell'odio per se stessi. La fonte dell'odio per se stessi è in realtà l'amor proprio e il senso di superiorità. L'odio per se stessi è un tentativo di rendersi una persona migliore, ma alla fine produce più effetti negativi. L'odio per se stessi nasce dalla separazione e oggettivazione del sé inferiore e del sé superiore, e questa è una strategia di autoprotezione. Una chiara comprensione di questo può liberarci dall'odio per se stessi. Per fare questo, dobbiamo affrontare l'inerzia delle abitudini e degli attaccamenti passati. Dobbiamo fermare l'odio per se stessi e continuare il cambiamento riconoscendo in tempo reale le emozioni e le tendenze rimanenti come abitudini e attaccamenti.

1.2 Le loro critiche sono diventate silenziosamente "mie"

: Separare i pensieri da me

La psicologia umana, come gli oggetti fisici, non ha un'unica forma, spiegazione o analisi; è aperta a molte interpretazioni e analisi diverse. In ogni caso, la chiave è quanto "aiuto pratico" si può ottenere dall'interpretazione e dall'analisi, cioè la praticità.

A volte l'intuizione stessa è la soluzione, altre volte la soluzione specifica è successiva all'intuizione. In ogni caso, entrambe sono utili.

Nella sezione precedente abbiamo analizzato il senso di superiorità che porta all'odio per se stessi. Oggi analizzeremo un'altra causa di odio per se stessi. Identificando i pensieri con se stessi, si sviluppa un'immagine negativa di sé. In conclusione, i miei pensieri non sono me.

- Negatività dal mondo esterno

Quando si è giovani, le informazioni vengono raccolte e trasmesse principalmente dall'esterno. Con l'avanzare dell'età, iniziamo gradualmente a generare i nostri pensieri. In ogni caso, le informazioni che arrivano dall'esterno e quelle che arrivano dall'interno si influenzano a vicenda. Non è mai una cosa puramente unilaterale. Tuttavia, per quanto pensiamo da soli, i nostri pensieri si basano sulle informazioni provenienti dal mondo esterno. Ricordate questo. La maggior parte di ciò che è in voi proviene dall'esterno.

Colleghiamo questi meccanismi all'immagine umana di sé o all'immagine di sé. Non siamo noi a creare la nostra immagine di sé. Fin dalla più tenera età, la nostra immagine di sé è plasmata dalle informazioni che riceviamo dai genitori, dalla famiglia, da altre persone e dal mondo, in combinazione con il nostro temperamento, la nostra personalità e i nostri schemi di pensiero. In altre parole, è una combinazione di fattori esterni e interni. L'influenza di ciascuno di essi varia a seconda della personalità e delle caratteristiche dell'individuo.

L'immagine di sé di ognuno si forma in questo modo. Il problema è una "immagine negativa di sé" che porta a odiare se stessi. È un'immagine negativa che si sviluppa senza nemmeno rendersene conto e dalla quale si è costantemente influenzati. L'immagine negativa di sé che vi priva di energia e motivazione è anche qualcosa che viene dall'esterno, se seguite il percorso sopra descritto. Che si tratti di persone o dell'ambiente esterno e della società. A volte può formarsi a causa di tendenze negative e mondane innate, ma bisogna considerare che le influenze e gli input esterni vengono prima di tutto.

Le prime influenze esterne sull'immagine di sé si verificano di solito durante l'infanzia e le più importanti sono, ovviamente, i genitori. Altre influenze sono rappresentate da parenti, amici, insegnanti e conoscenti che incontriamo crescendo. I bambini piccoli non sono in grado di scegliere attivamente le informazioni che ricevono e il più delle volte le accettano. Anche le informazioni negative che vorrebbero rifiutare, le accettano inconsciamente come vere.

Nell'immagine di sé c'è molta negatività che proviene dall'esterno. Di solito riguardano le proprie capacità o il proprio status. Possono riguardare le capacità o lo status di una persona, come il fatto di non essere brava in qualcosa, di essere incompetente, di essere pigra, oppure il suo aspetto o il suo valore. Nelle società relativamente mature esistono molti meccanismi educativi e culturali per minimizzare l'impatto negativo sui bambini, ma non è così nelle società meno mature. Una generazione di adulti cresciuta con un'immagine negativa di sé influenza anche i bambini, generando un senso di uniformità, negatività e oppressione invece che di condivisione e positività.

- Trattare i loro pensieri come "miei pensieri".

Ecco il problema. A un certo punto, iniziamo a confondere la prospettiva esterna che ci è stata data in pasto con i "miei pensieri". A quel punto, non riconosciamo più che provengono dall'esterno. Anche quelli che inizialmente abbiamo rifiutato. Li abbiamo rifiutati consapevolmente, ma inconsciamente si insinuano.

In un certo senso, potrebbe non esserci una chiara distinzione tra "pensieri esterni" e "pensieri interni"; li distinguiamo soltanto, ma non c'è interno o esterno, solo "pensieri". Pertanto, è facile confondere i pensieri esterni con quelli interni.

Così come è naturale che la nostra immagine di sé sia plasmata da pensieri esterni, non è un problema considerare i pensieri provenienti dall'esterno come nostri. Si tratta piuttosto di una funzione naturale che è nata quando gli esseri umani hanno sviluppato capacità di pensiero complesse e approfondite, uniche nella specie umana, grazie alla nostra capacità di usare il linguaggio. È solo uno strumento. La struttura e il processo di questo processo devono essere chiaramente distinti e notati. Se non lo si sa, lo si ripeterà inconsciamente).

Il vero problema si presenta nell'ultima fase.

- Identificare i miei pensieri con "me" e attenermi ad essi

I problemi sono i pensieri negativi, le informazioni negative e l'immagine negativa di sé. Concentriamoci sull'immagine negativa di sé.

Le immagini negative di sé, sia imposte dall'esterno che generate internamente, che causano dolore, sofferenza e disaffezione, è meglio scartarle, ignorarle o interromperle, se possibile, o sostituirle con altre positive e proattive, che apportino benefici.

Non possiamo cambiare, scartare o ignorare le immagini negative di sé. Quando le persone mi dicono: "Sei abbastanza bravo. Stai facendo un ottimo lavoro", sto negando la realtà. All'esterno diciamo: "Giusto? Io annuisco e dico: "Grazie", ma dentro di me non la vedo così. Il me stesso che sento, il me stesso che riconosco, il me stesso che accetto è ancora brutto, incompetente, non bello e senza significato. Nella mia mente, l'immagine negativa di sé, l'odio per se stessi e la negazione di sé che ho portato fino a questo punto sono in funzione. Voi dite: "Non mi piace. Voglio cambiare", e così via.

Perché? Siamo creature egoiste, quindi perché non riusciamo a fare scelte per noi stessi in questo campo e facciamo invece scelte dannose?

È perché non riconosciamo il segreto della contraddizione che sta alla base, ovvero che si tratta di una reazione al non sapere. Scompare da sola se viene percepita in modo corretto e chiaro. La contraddizione è il meccanismo di identificazione tra "io" e "sé".

Conosco già il meccanismo di "identificazione"? No. Se lo notate davvero e lo riconoscete chiaramente, cambia. Non importa quanto sappiate intellettualmente, teoricamente o con la conoscenza, se non avete effettivamente notato, notato, notato, preso coscienza, risvegliato, dovete dire onestamente che non lo sapete. Dovete ammettere di non sapere. Finché pensate di sapere quando non lo sapete, vi negate l'opportunità di sapere davvero. Dovete accorgervene, o diventare consapevoli. Bisogna accorgersene, o diventarne consapevoli, in modo da non identificarsi più automaticamente con esso, o da non esserne più inconsciamente travolti. Non si tratta di fermare o eliminare l'identificazione con uno sforzo, né di ignorarla o sopprimerla. L'identificazione si ferma da sola, notandola e diventandone consapevoli.

In termini più semplici, si tratta di non essere più "testardi" o appiccicosi. L'atto consapevole di identificare i "miei pensieri" con "me stesso". Oppure, l'atto consapevole di non attaccarsi affatto ai miei pensieri. È l'atto consapevole di equiparare i "miei pensieri" a "me", o di non dare loro alcun valore.

Se ci provate e continuate a sentirvi negativi, come potete cambiare? Come può essere facile? Ecco perché si chiama testardaggine. Non è perché non sapete che lo state facendo. Tutti noi lo sappiamo o lo sentiamo in qualche misura, ma non vogliamo comunque abbandonare la convinzione o l'abitudine mentale che "io sono ciò che penso". Naturalmente, questa riluttanza a lasciar perdere può anche essere inconscia. Si può dire: "Voglio lasciar andare!" e ancora non lasciar andare. Ma alla fine, non state lasciando andare. È necessario riconoscerlo e prenderne atto.

Un "pensiero" è solo un pensiero, sia esso imposto dall'esterno o generato internamente. I pensieri non sono 'me'. Quando consideriamo i pensieri come me, il nostro istinto di proteggere la mia esistenza ci porta a commettere l'errore di proteggere i miei pensieri.

- Solo perché viene notato, non significa che sia importante.

Tutti noi abbiamo l'istinto di proteggere la nostra esistenza. Fisicamente, vogliamo proteggere la nostra vita e la nostra sicurezza; mentalmente e psicologicamente, vogliamo proteggere la nostra esistenza. Per l'esistenza fisica, mangiamo diligentemente e compiamo azioni per proteggere e mantenere il nostro corpo. Per mantenere la nostra esistenza mentale e psicologica, cerchiamo l'approvazione di noi stessi e degli altri. Sono tutti istinti naturali e non c'è nulla di sbagliato in essi.

Il problema è quando cerco di difenderlo anche quando non è necessario, cioè quando non ha nulla a che fare con la difesa e il mantenimento della mia esistenza fisica o mentale. Uno di questi è costituito dai pensieri negativi che già ho, soprattutto l'immagine negativa di sé.

I pensieri negativi e l'immagine negativa di sé possono svolgere un ruolo importante. Ci siamo evoluti in modo da prestare più attenzione e dare più importanza alle cose negative che a quelle positive. Le cose positive non hanno bisogno di essere notate e prese in considerazione deliberatamente, quindi possono essere lasciate in pace, cioè ignorate. È anche una questione di efficienza.

La negatività non va lasciata in pace, perché non si sa mai quando ci danneggia, ci fa soffrire e ci crea problemi. Sono insicure. Per questo motivo, la nostra coscienza e la nostra attenzione devono essere focalizzate sulla negatività. In questo modo possiamo proteggerci. È una sorta di istinto di autoprotezione.

Il problema sorge quando smettiamo di scambiare "attenzione" per "importante", o "è vero ed è più giusto". Si tratta di dare più attenzione solo per necessità, ma perché è importante, perché è vero, perché è giusto, è giusto.

A questo si aggiunge un modello consapevole di autoaffermazione che dice: "Ho ragione". Come esseri umani, viviamo tutti con questa psicologia di fondo del "ho ragione". Non c'è nulla di sbagliato in questo. È più che altro un istinto animale. Ogni essere ha dentro di sé un istinto che dice: "Sto facendo la cosa giusta. Sto facendo la cosa giusta", per potersi muovere e funzionare correttamente. Se non si ha questo istinto, si è sempre inquieti e si annaspa. Pertanto, la fiducia in se stessi che si ha automaticamente è del tutto naturale.

Il problema è quando applichiamo questa sensazione di "ho ragione". Il problema è quando applichiamo questa sensazione di "ho ragione" in modo uniforme. Anche quando oggettivamente potrei sbagliare o avrei bisogno di essere corretto, continuo a pensare "ho ragione". Ho ragione", e aggrapparmi a questa sensazione di "ho ragione" mi farà solo del male.

◆◆◆

La combinazione dei tre meccanismi descritti finora rende molto potente l'errore finale: l'equiparazione dei "miei pensieri" a "me stesso", con l'illusione che "i pensieri negativi e l'immagine negativa di sé siano veri, importanti e corretti". E infine, è collegato al "sono giusto". "Mi protegge. È un uso improprio dell'istinto di "mantenere me. Io ho ragione", e l'applicazione errata di questo istinto porta ad aderire a un'immagine negativa di sé e all'odio per se stessi. Anche se in realtà danneggia la vera persona. È un triste errore.

Se il meccanismo di negazione e di odio di sé che ci affligge è così inconscio e inevitabile, dovremmo continuare a odiarci e a negarlo?

Assolutamente no. Certo, c'è un modo. In primo luogo, è necessario diventare più consapevoli del meccanismo che sta alla base dell'odio per se stessi. Riconoscerlo e notarlo. Non solo nella vostra testa, non solo nella vostra conoscenza, non solo nella teoria, ma nella vostra vita quotidiana.

Il passo successivo consiste nel creare il processo che rende consapevole l'inconscio. Finora, quando si verificavano gli stessi meccanismi e reazioni, erano solo inconsci e io, il partecipante, li ripetevo in modo inconsapevole e automatico, ma ora, quando si verifica il processo precedente, ci rifletto consapevolmente. Si diventa consapevoli, si nota. È una coscienza attiva, che dice: "Oh, questo è questo, questo è quello". Senza coscienza, non lo sappiamo davvero. Se avete dato per scontato che ciò che state facendo e ciò che vi sta accadendo è giusto e buono, ora dovete guardarlo e vedere se è davvero giusto e buono per voi. È davvero giusto e buono per me o è solo una dannosa ripetizione dei miei istinti e delle mie abitudini consapevoli?

Non sono "unicamente tuoi", ma "imposti dall'esterno". Lo stesso vale per l'immagine di sé. Riconoscete che gran parte della vostra immagine di sé è probabilmente imposta dall'esterno. Questo non significa che dobbiate rinnegare tutta la vostra attuale immagine di sé o considerarla sbagliata, ma dovreste riconoscere quali parti di essa lo sono. Riconoscete che l'avete scambiata per la vostra immagine di sé unica.

Infine, dobbiamo smettere di pensare ai "miei pensieri" come a "me". I pensieri sono pensieri, non io. Fermare, negare o modificare i pensieri non significa fare qualcosa a "me stesso". È una pura illusione sentire che qualcuno mi sta negando perché nega i miei pensieri.

Smettete di accettare inconsciamente le cose negative come "vere e importanti" e smettete di applicare inconsciamente l'espressione "Io ho ragione. Ho ragione", e smettete di applicarla inconsciamente. Non vi sto chiedendo di sopprimerlo o di ignorarlo, ma di notarlo. Quanto più chiaramente lo riconoscerete, tanto più si fermerà da solo. Interrompo l'insistenza mentale, l'adesione e l'attaccamento non necessari, che sono plausibili ma in realtà mi danneggiano. Lo faccio per il mio bene.

Devo rimanere fedele alle mie idee quando è necessario, e devo far valere le mie ragioni agli altri e al mondo. Lo stesso vale per la mia immagine di sé. Deve essere affilata e presentata agli altri e al mondo. È fondamentale, è un dato di fatto. La chiave è quando non è necessario. Quando non è necessario, si fa la scelta più appropriata per la situazione.

È molto semplice ed è davvero egoistico farlo. È nel mio interesse.

Invece di essere casualmente egoisti, siamo veramente egoisti, e invece di seguire la corrente e perdere per abitudine, controlliamo realmente e consapevolmente il flusso dei nostri pensieri e delle nostre reazioni per farli funzionare nel nostro interesse.

◆◆◆

Sintesi

L'odio per se stessi deriva dal fatto di scambiare per propri i pensieri negativi imposti dall'esterno e di identificarli con il proprio io. È necessario separare i pensieri dal sé, riconoscere la fonte dei pensieri negativi e rendere coscienti i processi inconsci. Rendetevi conto che i pensieri sono solo pensieri, non voi. In questo modo, potete lasciare andare gli attaccamenti non necessari e fare scelte che vi portino veramente beneficio.

1.3 Il senso di colpa e il rimorso sono il desiderio di cambiare l'immutabile

: L'autocolpevolizzazione e il senso di colpa sono egoismo.

La terza psicologia nascosta dell'odio per se stessi che esamineremo è l'autocolpevolizzazione e il senso di colpa.

L'autocolpevolizzazione e il senso di colpa sono psicologie più o meno rivelate. Mentre la già citata "distorsione dell'amor proprio" e l'"identificazione con i pensieri negativi" sono meccanismi che si verificano inconsapevolmente, l'autocolpevolizzazione e il senso di colpa sono cose che tutti fanno con la consapevolezza di odiare chiaramente se stessi.

C'è un meccanismo nascosto all'opera. Quanto più chiaramente lo percepiamo, tanto più siamo vicini a liberarci dall'odio per noi stessi.

- Accettare il passato e la realtà come già esiste, con dignità e integrità.

La forma naturale di auto-colpevolizzazione e di senso di colpa è l'autoriflessione e l'introspezione oggettiva. Questo non è un problema se non è eccessivo. Tuttavia, quando diventiamo eccessivamente consapevoli dei nostri difetti, errori, incompetenze, fallimenti, brutture e così via, andiamo oltre l'auto-riflessione e diventiamo auto-colpevoli, auto-compatiti e colpevoli, che ci fanno soffrire.

Tutta l'"autocolpevolizzazione", che sottrae al feedback, alla riflessione e all'introspezione su ciò che è accaduto, è inutile e rende difficile non solo per me, ma a volte anche per l'altra persona. E quando si ha bisogno di guardare la situazione con obiettività e di creare la soluzione giusta, questo prosciuga le energie e ci lascia paralizzati. Ci sono diversi motivi per cui potreste non essere in grado di superare l'autocolpevolizzazione inutile e impraticabile e rimanere bloccati in essa.

In risposta a una situazione negativa che hanno causato o a cui sono associati, le persone spesso aggiungono consciamente o inconsciamente "auto-colpa, auto-responsabilità, auto-incompetenza" all'equazione. "È successo perché ho fatto qualcosa di sbagliato. Sono un incompetente", ma in realtà non esiste una cosa che sia "completamente colpa mia". Certo, la colpa può essere in parte vostra, ma è molto probabile che una persona diversa nella stessa situazione avrebbe avuto un esito simile. Tuttavia, ci sentiamo responsabili perché siamo noi a fallire o a commettere un errore. Il problema nasce quando si esagera e ci si colpevolizza. Non smettiamo di rimproverarci anche quando gli altri se la cavano bene. Perché?

Poiché non avete accettato il passato e chi eravate, sognate un "sogno diverso". Rifiutate di accettare ciò che è già accaduto e desiderate un me diverso, un risultato diverso, una situazione diversa. Ma i miei desideri non cambiano il passato e la realtà. Altri sogni, altri desideri, sembrano essere per il vostro bene, ma in realtà vi state ingannando. Ci sono momenti della vita in cui questo accade. Fate delle scelte che pensate siano buone per voi, ma che finiscono per danneggiarvi. Ecco cosa sono l'autocolpevolizzazione e il senso di colpa.

L'unica e più saggia risposta è la "piena accettazione". Non fraintendiamo. Accettazione non significa arrendersi, disperarsi o accettare impotenti. Al contrario, è l'accettazione più attiva e propositiva del passato e della realtà che già esiste. Si tratta di permettere loro di esistere. Divento il soggetto della mia vita e della mia esistenza. Un altro modo per dirlo è "disposto a sperimentare" o "disposto a soffrire". Non perché siano buone, giuste o valide. Semplicemente, lascio che accadano perché già esistono.

Il passato esiste già, che noi lo permettiamo o meno. Tuttavia, poiché sogniamo una situazione diversa, non possiamo permettere che il passato esista e continuiamo a negarlo. Continuiamo a negarlo, credendo che sia possibile anche se è impossibile. Il passato che neghiamo può includere altre persone e situazioni, ma la cosa principale è "me". L'incapacità di accettare e accogliere il "me passato" porta all'auto-negazione, all'auto-colpevolizzazione e al senso di colpa. Per quanto sia doloroso e difficile, vogliamo liberarci del me passato, del me mancante e del me che non vogliamo essere.

Lo sforzo e l'impegno sono virtuali e comprensibili, ma purtroppo è una strategia che non funziona. Fa solo sì che la persona si impegni di più, ma non funziona. Questa è la natura dell'autocolpevolizzazione e del senso di colpa.

- L'autocolpevolizzazione e il senso di colpa sono piuttosto egoistici.

Sentirsi in colpa o vergognarsi non è né umiltà né auto-riflessione. Al contrario, sono strategie inconsce per ottenere superiorità psicologica, sicurezza e soddisfazione. È una falsa strategia e si finisce per essere la vittima.

A prima vista può sembrare difficile da capire. Perché l'egoismo è egoista se si tratta di riconoscere le proprie colpe e assumersene la responsabilità, piuttosto che quelle di altre persone o situazioni? Certo, un'adeguata auto-riflessione può esserlo. Ma la maggior parte delle autocritiche e dei sensi di colpa sono il risultato di un egoismo insidioso. Si tratta di sognare una versione "diversa" di se stessi. È una forma di auto-tradimento e auto-inganno. Ci poniamo un obiettivo elevato e ne troviamo soddisfazione. "Sono questo tipo di persona, questo tipo di essere, anche se non lo sono.

È anche una strategia psicologica di coping. Non riuscite ad accettarvi per come siete, quindi create una versione falsa di voi stessi per renderla reale. Ma entrambe le cose sono false: il "brutto te" che pensi di essere non è reale, e il "brillante te" che vorresti essere non è reale.

Eccessiva auto-colpevolizzazione e senso di colpa quando "chi siete" non raggiunge gli standard che vi siete imposti in un compito o in una situazione. Diciamo "egoista" perché si tratta di un senso di superiorità o di difesa psicologica irrealizzabile. Vogliamo sentirci psicologicamente superiori, soddisfatti e sicuri creando un'immagine di noi stessi come se non stessimo fallendo, non fossimo brutti, fossimo forti, capaci e stessimo facendo bene, anche se in realtà stiamo fallendo. Questo crea una separazione dal vero io e dalla situazione reale. Di conseguenza, perdiamo di vista il vero io e il mondo reale e non siamo in grado di pensare e attuare risposte e soluzioni pratiche. Di conseguenza, ci si fa del male. Un egoismo fallito che vi danneggia: ecco cosa sono l'autocolpevolizzazione e il senso di colpa.

Questo vuol dire che non dovremmo sognare di essere diversi? Non ci sforziamo tutti di essere migliori di quello che siamo? Non fa parte dell'auto-miglioramento? Sì, è così. A patto che lo si faccia nel modo giusto. E questo è l'argomento di questo articolo: farlo bene.

È solo che non è necessario avere un'"illusione". L'"altro" è una sorta di illusione. Standard elevati e alte immagini di sé che non hanno nulla a che fare con la realtà o l'attualità possono sembrare piacevoli, ma sono illusioni. In ogni caso, le fantasie sono più dannose che utili, quindi, invece di fantasticare, fissate obiettivi e strategie molto realistici e pratici e verificate se vi sono utili. Di conseguenza, modificate le strategie poco pratiche e dannose. Per voi stessi e per nessun altro.

Le illusioni sono spesso imposte dagli altri e dal mondo piuttosto che create da noi. Invece di un giudizio sano e razionale, accettiamo passivamente e inconsciamente le immagini esterne, scambiandole per l'immagine di sé che vogliamo e credendoci. Questo porta a una serie di effetti collaterali. Ad esempio, sia gli uomini che le donne spesso desiderano avere un bel corpo, un bel viso o un'altezza elevata, che secondo il mondo è buona. Questo include anche una mentalità che viene descritta come una "armatura mentale". Può trattarsi di avere un partner percepito come socialmente di successo, di avere un ottimo lavoro con competenze invidiate da tutti, di acquisire conoscenze, fama e celebrità o di fare la differenza nella propria comunità o organizzazione.

Come ho detto prima, se volete raggiungere un obiettivo, fate del vostro meglio per raggiungerlo. La chiave è se si tratta di un obiettivo che scelgo io o di qualcosa in cui sono stato indottrinato e in cui spero ciecamente. Il primo vi renderà felici sia nel processo che nel risultato. Il secondo, al contrario, può farvi soffrire ogni momento.

Dobbiamo fissare i nostri obiettivi, non quelli degli altri che scambiamo per nostri. Questo ci libererà dagli inutili sensi di colpa che derivano dall'aggrapparsi alle illusioni.

- Un archetipo sano di auto-colpevolizzazione e di senso di colpa è

un istinto di auto-protezione.

C'è una storia interessante nel mondo archeologico. In una certa zona c'era un'enorme palude dove nell'antichità annegavano molti animali. In epoca moderna, la palude si è prosciugata e si è trasformata in un terreno duro, e quando gli archeologi hanno scavato, hanno portato alla luce molti fossili di animali sepolti da tempo. C'era solo un animale che non è venuto fuori. Gli esseri umani.

Gli esseri umani potrebbero essersi accorti del pericolo vedendo altri animali caderci dentro e morire, o forse alcuni esseri umani ci sono caduti e sono stati salvati. In entrambi i casi, gli esseri umani avrebbero riconosciuto la pericolosità del luogo e lo avrebbero evitato. Gli animali, invece, non hanno questo tipo di consapevolezza, quindi ci cadono dentro e ne escono.

La sensazione che qualcosa sia "sbagliato" ci protegge da potenziali danni futuri. Anche i nostri sentimenti di vergogna e di colpa sono una forma di autoprotezione contro un potenziale pericolo. Questo per evitare di ripetere lo stesso errore o la stessa situazione la prossima volta. Come non cadere in una palude in cui cadono tutti gli altri animali. Per gli esseri umani, questo vale non solo per i luoghi o i disturbi fisici, ma anche per evitare situazioni pericolose e persino i nostri stessi errori. A un certo punto, le reazioni inutili si aggiungono o addirittura si sostituiscono allo scopo oggettivo e neutrale dell'introspezione e dell'autoriflessione.

Anche se sentiamo che c'è "qualcosa di sbagliato" in noi, e c'è, la cosa a cui pensare in quel momento non è l'autocommiserazione, ma "l'uomo saggio che ha evitato la palude". La "sensazione non proprio positiva" è solo un "utile avvertimento" per evitare di cadere di nuovo nella palude. Dobbiamo solo prendere spunto e prepararci per la prossima volta. Fermate ciò che dovete fermare, cambiate ciò che dovete cambiare e aggiungete ciò che dovete aggiungere.

- Il problema non è l'autocolpevolizzazione o il senso di colpa, ma la direzione.

Non si può cambiare il passato, non importa quanti "sogni diversi" si facciano. Tutti lo sanno. Continuare a sognare e a desiderare un "passato cambiato" non è altro che ostinazione mentale. In un certo senso, è un comportamento da branco. Il prototipo di questa testardaggine potrebbe essere l'esperienza che abbiamo avuto da bambini, quando gridavamo quando ne avevamo bisogno e chi si prendeva cura di noi ci ascoltava.

A una certa età, questo non funziona più. Alcune persone possono continuare a reagire ancora per un po', ma per la maggior parte di noi, dopo un certo punto, finisce. Dopodiché, iniziamo a prendere le misure, gli atteggiamenti, i comportamenti e i pensieri più saggi e adeguati alla situazione e alla realtà. Tutti noi lo facciamo al meglio delle nostre possibilità. Nella nostra mente inconscia possono esserci tracce della nostra infanzia e della nostra fanciullezza passate. Non riusciamo a lasciar andare, non riusciamo ad accettare e continuiamo a rifiutare la "situazione sbagliata, io sbagliato" che è già passata. Non c'è un obiettivo, ma stiamo usando lo "sciame" su qualcuno.

Ciò che dobbiamo fare è "rendere consapevole l'inconscio". Per molte delle ragioni sopra citate, abbiamo una mente inconscia che vuole negare ciò che è già accaduto. Ripetiamo, ci aggrappiamo e non lasciamo andare questo meccanismo che non ha più alcuna utilità o praticità. Solo per il gusto della soddisfazione psicologica, del conforto e della rassicurazione.

Bisogna diventare consapevoli che questo processo avviene inconsciamente. Dobbiamo notarlo e riconoscerlo. Più lo rendiamo esplicito, più i nostri schemi e le nostre abitudini inconsce svaniranno, proprio come l'oscurità viene dissipata dalla luce. Naturalmente, più ci impegniamo consapevolmente, meglio è. Più ci impegniamo consapevolmente, più la nostra coscienza si rafforzerà e più smetteremo di sprecare energie in rimpianti e rinnegamenti. Con questo nuovo potere della coscienza, saremo in grado di rendere più sani noi stessi e coloro che ci circondano, e di perfezionare il nostro presente e il nostro futuro.

È una cosa che sarei felice di fare.

◆◆◆

Sintesi

L'autocolpevolizzazione e il senso di colpa derivano dal desiderio irrealistico di cambiare il passato. Si tratta di una forma distorta dell'istinto di autoprotezione, che in realtà è una strategia psicologica egoistica. Per superarli, è necessario accettare il passato e la realtà così com'è e rendere coscienti i processi inconsci. Invece di rimproverarsi, è importante imparare dalle proprie esperienze e prepararsi per il futuro. Concentrandosi sul presente e sul futuro, si può smettere di auto-annullarsi inutilmente e vivere una vita più sana.

1.4 Dipendiamo persino dal nostro "io negativo"
: L'esistenza non richiede la dipendenza

I meccanismi psicologici dell'odio per se stessi sono piuttosto complessi, soprattutto quando si tratta di nasconderli. Uno di questi è la "fiducia negativa in se stessi". Questo può sembrare un po' sorprendente. "Mi affido al mio io negativo? È ridicolo. Semmai mi rende le cose più difficili". In realtà, lo siete. Questo articolo vi aiuterà a riconoscere, abbracciare e superare un'altra psicologia nascosta dell'odio per se stessi.

- Finché si è dipendenti, si è insicuri.

Di solito pensiamo alla negatività come a qualcosa che non ci piace, da cui ci teniamo lontani e di cui cerchiamo di liberarci. Per molti versi, questo è vero. Quando si tratta del "me negativo" - l'immagine negativa che abbiamo di noi stessi, il senso negativo di sé, il senso negativo dell'essere, l'autostima negativa - è esattamente il contrario. Ne dipendete senza rendervene conto.

Vi state ancora chiedendo: "Voglio davvero sbarazzarmi della me negativa, voglio davvero sistemarla, quindi perché ne dipendo?

Ecco qualcosa che proprio non vi piace. Cosa fate quando succede? Gli esseri umani abbandonano davvero le cose che non gli piacciono: se ne allontanano o smettono di guardarle. L'io negativo non può farlo. Anche se qualcun altro vi sta accanto e vi dice di non farlo, tornerete inesorabilmente all'io negativo, vi concentrerete su di esso e ne diventerete ossessionati.

C'è qualcosa che dovremmo notare. Non importa se si tratta del "me positivo" o del "me negativo". La chiave di questo meccanismo è la "dipendenza". Che sia positivo o negativo, il fatto che io dipenda da qualcosa è la chiave. Bisogna notarlo chiaramente.

Gli esseri umani fanno affidamento su molte cose. Possono essere le cose che si possiedono, le persone che si frequentano, la propria religione, un certo insieme di valori o filosofia, i risultati ottenuti, il proprio aspetto, i genitori, i figli o qualsiasi altra cosa. Perché ci affidiamo a queste cose? Per affermare la nostra esistenza. Credete che la vostra esistenza sia garantita e confermata dal valore o dal significato dell'oggetto su cui fate affidamento. Naturalmente, maggiore è il valore o il significato dell'oggetto, maggiore è la vostra esistenza.

C'è qualcosa che trascuriamo. Non ci affidiamo necessariamente al positivo e al buono. Anche il negativo e il cattivo possono essere considerati un motivo per la nostra esistenza. Consapevolmente o inconsapevolmente. La questione non è se sia positivo o meno, ma quanto dipendiamo da esso. Maggiore è la forza o l'influenza, maggiore è la dipendenza.

A volte il malato mentale commette crimini o atti di disgusto. Attraverso di lui, gode del fatto che il mondo e le persone si interessano a lui o hanno paura e si arrabbiano. Perché questo conferma la sua esistenza. Questo è ciò che accade in alcune comunità su Internet, e nei film, ad esempio, tali personaggi sono serial killer.

Nella psicologia dell'odio per se stessi, questa dipendenza diventa il "me negativo". Non è assolutamente buono e negativo, ma lo costruite come fondamento della vostra esistenza o identità senza rendervene conto. Lo odiate, ne soffrite, eppure ne dipendete. Se pensate di avere una forte psicologia di negazione e odio verso voi stessi, cercate di fermarla o di eliminarla. Fate uno sforzo deliberato per smettere di rimproverarvi e di disperarvi. Ma non sarà facile. Perché avete le vostre buone e valide ragioni per sentirvi così. Nel bene e nel male, siete stati condizionati a vedervi in modo negativo e per una buona ragione.

Vi state solo prendendo in giro. Potreste pensare che si tratti di una sana auto-riflessione o di un auto-giudizio, ma state facendo affidamento sul "me negativo" per la vostra esistenza e identità. Anche se riuscite a farlo, è molto doloroso. Influisce sulle relazioni con le persone e sulla vita quotidiana. Anche questa sofferenza diventa l'oggetto della dipendenza dall'esistenza. È uno strano meccanismo.

Anche se un amico o un conoscente incoraggia la persona dicendo: "Sei una brava persona, puoi farcela, vedo i tuoi punti di forza e le tue difficoltà non sono ciò che sei", nove volte su dieci la persona rifiuterà l'incoraggiamento. Come già detto, la persona identifica il "sé negativo" con il vero sé.

Perché resistiamo ai tentativi di rompere o modificare la nostra immagine negativa di sé e ci aggrappiamo a convinzioni che ci danneggiano? Perché ci si affida già ad esse. È più valida e più familiare. È ciò che siete.

Cosa si può fare per risolvere i problemi di dipendenza?

In molti casi, l'enfasi è sull'opposto, sul "me positivo". Ci viene detto di sviluppare la positività, di costruire un'immagine di sé positiva. Naturalmente, è una buona idea far dipendere la propria esistenza e identità dal proprio io positivo piuttosto che da quello negativo, quindi fatelo il più possibile. Tuttavia, non è una soluzione fondamentale. Perché, come abbiamo detto, dipendere da qualcosa è la stessa cosa. Finché dipendete da qualcosa per la vostra esistenza, il vostro valore, il vostro significato, ecc. E con il tempo, questa dipendenza è destinata a vacillare e a manifestarsi negativamente a un certo punto.

Perché la mia esistenza non dipende da alcun oggetto interno o esterno. La mia esistenza è unica, significativa e preziosa di per sé.

Cosa succede quando faccio dipendere la mia esistenza da ciò che faccio bene, che ottengo, che lavoro sodo o che ricevo l'approvazione degli altri? Se l'oggetto della mia dipendenza vacilla o crolla, la mia esistenza vacilla con esso. Anche quando sto facendo bene e sono soddisfatto dell'approvazione degli altri, questo non impedisce all'ansia sconosciuta di insinuarsi. Infatti, anche quando stiamo bene, non abbiamo forse paura che il futuro vada male? Non è solo la paura di una caduta futura. È un'ansia naturale che nasce dal profondo di noi stessi perché facciamo affidamento su qualcosa da cui non possiamo dipendere. Anche se si tratta di un sé positivo e fiorente.

- L'esistenza non richiede dipendenza

Non c'è nulla di sbagliato nella "dipendenza" in sé. È bene appoggiarsi o fare affidamento su qualcosa di utile per tenersi in piedi. Tuttavia, è importante rendersi conto che le dipendenze non sono assolute. È solo uno strumento e un mezzo utile. Nella nostra vita quotidiana, dipendiamo "volontariamente" da molte cose. Non si tratta solo della nostra identità o presenza. Possono essere strumenti fisici o mezzi astratti. Ma fare affidamento su di essi non dovrebbe significare far dipendere la nostra identità e la nostra esistenza da essi.

Lo stesso vale per il "me negativo". Se vi trovate bloccati in un ciclo di odio verso voi stessi o soffrite di gravi sentimenti di odio verso voi stessi, autosvalutazione, autocolpevolizzazione e senso di colpa, è ora di riconoscerlo. Questo perché la vostra esistenza e la vostra identità dipendono dal "me negativo", non dall'auto-riflessione o dall'auto-giudizio oggettivi. Dovete notare e riconoscere la natura inutile e futile del vostro comportamento ritualistico.

Dobbiamo rompere l'inconsistente impostazione di "la mia esistenza crolla o scompare senza l'oggetto da cui dipendo". Lo stesso vale per "il valore e il significato di me e della mia esistenza sono determinati dal valore o dal significato degli oggetti da cui dipendo". Anche se a prima vista è plausibile, non si tratta di un fatto, ma di un'impostazione.

Non ho bisogno di alcuna dipendenza per esistere.

La mia esistenza è unica, dignitosa e completa, indipendentemente da ciò da cui dipendo. Il valore e il significato di me e della mia esistenza non sono determinati dal valore e dal significato degli oggetti della mia dipendenza.

Riconoscete che non dovete fare affidamento sull'io negativo per la vostra esistenza e identità. Riconoscete che è un istinto che si autoalimenta, si mantiene e si autoprotegge. Riconoscete solo che ne state facendo un uso improprio. Affidare la propria esistenza all'io negativo è un comportamento del tutto improduttivo. Siate consapevoli che lo fate perché è ciò che siete abituati a fare, ciò che vi è stato insegnato e ciò che è stato influenzato dai vostri genitori e amici.

Cambiamo la nostra esistenza e la nostra identità per affidarci all'io positivo. Non è detto che accada tutto in una volta, ma non è difficile. Affidarsi al me negativo è la stessa cosa che ho fatto io, solo che questa volta ho cambiato "oggetto". Ci vuole sforzo, disciplina, trovare un metodo e coltivarlo correttamente.

Facciamo un ulteriore passo avanti. Riconoscere che la mia

esistenza e la mia identità non dipendono né dal me positivo né dal me negativo. Usare la dipendenza come strumento, ma tendere più verso il sé positivo che verso il sé negativo, riconoscendo sempre che la dipendenza dal sé positivo non è assoluta. Riconoscere sempre che la mia esistenza e la mia identità sono uniche, potenti e complete, indipendentemente da ciò da cui dipendo.

◆◆◆

Sintesi

Uno dei meccanismi nascosti dell'odio per se stessi è la dipendenza dal "sé negativo". Le persone spesso si rivolgono al proprio io negativo per convalidare la propria esistenza. Questo provoca ansia e dolore, ma anche una sensazione di familiarità e sicurezza. La soluzione non è passare a un sé positivo, ma riconoscere che la propria esistenza è intrinsecamente unica e preziosa senza dipendere da nulla. Usate la dipendenza solo come strumento e rendetevi conto che la vostra esistenza non dipende da alcun oggetto.

1.5 L'autolesionismo come difesa preventiva dall'odio altrui

: Idee sbagliate sull'odio di sé come strategia di difesa

In rari casi, l'odio per se stessi viene utilizzato per allontanare l'antipatia o le critiche esterne; è una difesa proattiva contro la possibile antipatia e l'odio degli altri.

In che modo l'odio per se stessi è una difesa proattiva contro l'odio degli altri? C'è una sorta di fallacia psicostrategica: crediamo (o speriamo) che lo sia, anche se non lo è, perché non è una difesa.

Facciamo un passo alla volta. Quali sono le azioni giuste da compiere quando facciamo qualcosa di sbagliato? La prima cosa da fare è riconoscere l'errore commesso e riflettere su se stessi, scusarsi con l'altra persona o chiedere perdono. Per esempio, se un bambino fa qualcosa di sbagliato e i genitori lo scoprono, la prima cosa da fare è ammetterlo e chiedere perdono; a meno che non si tratti di un caso particolare, i genitori saranno contenti del bambino e gli daranno semplicemente un po' di attenzione e lo perdoneranno.

Questo meccanismo è talvolta presente nell'odio per se stessi: non sono abbastanza bravo, non sono abbastanza bravo, non sono abbastanza bravo, e penso che gli altri lo sappiano o lo sapranno (questa è spesso una preoccupazione eccessiva). Non riesco a gestire le loro reazioni negative. Non posso permettere che ciò accada. Così mi rimprovero prima che se ne accorgano. È come se il bambino fosse il primo ad ammettere la colpa e a riflettere. Naturalmente, nell'odio per se stessi, questo processo avviene in gran parte inconsciamente.

Il problema è che, come altri meccanismi di auto-odio, questa è una "strategia che non funziona". L'esecutore vuole che funzioni, ma non funziona. Naturalmente, se si sa con chiarezza che non funziona, non ci si picchia a priori. Ma finché si crede inconsciamente che funzionerà, ci si sforzerà e la si ripeterà automaticamente.

Esiste anche un altro meccanismo di auto-odio preventivo. È una sorta di "autodisciplina", in cui mi disciplino odiandomi prima che gli altri mi odino o mi disprezzino (naturalmente, questa "disciplina" è un'illusione contorta ed è inconscia). Così, quando poi gli altri mi odiano davvero, lo shock è minore perché ho già odiato me stesso. Ho già abbandonato il corpo, ho già rinunciato al corpo e mi sto già odiando, quindi il loro odio diventa naturale o non importante. È come se dicessero: "Sapevo già che l'avresti fatto".

Questo può accadere perché mi oggettivo, cioè divento altro da me. Non c'è nulla di sbagliato nell'auto-oggettivazione in sé. È persino salutare e più la si usa, meglio è per se stessi e per gli altri. Ma la pre-oggettivazione è oggettivare, ma "trattare male". Trattiamo male noi stessi, così come trattiamo male gli altri.

Anche questa è una falsa strategia. L'aspettativa che gli altri vi odieranno è spesso un'illusione, o può essere un'illusione causata da un trauma psicologico passato. Questo fa sì che odiare se stessi per primi sia una "fantasia in preparazione di una fantasia". Inoltre, odiare se stessi per primi non ha un vero e proprio effetto preventivo, cioè non ha alcun effetto sull'odio dell'altra persona nei vostri confronti. Anzi, non fa che aumentare la sua antipatia o il suo odio nei vostri confronti. Nessuno vede di buon occhio una persona che odia anche se stessa.

◆◆◆

Sintesi

L'odio per se stessi è talvolta utilizzato come mezzo per difendersi dall'odio o dalle critiche degli altri. Appare come una forma di autodisciplina o di prevenzione delle reazioni negative degli altri, ma è una strategia inefficace. Nella maggior parte dei casi, l "anticipazione dell "odio da parte degli altri è delirante o il risultato di un trauma psicologico passato. L "odio per se stessi non previene l "odio o il giudizio altrui e può addirittura amplificarlo.

1.6 L'anestetico psicologico della "giustificazione della realtà" : Comfort psicologico temporaneo e superficiale vs. cambiamento reale e utile

La sesta psicologia alla base dell'odio per se stessi, la "giustificazione della realtà", è un concetto creato applicando la teoria esistente della "giustificazione del sistema" agli individui. La "giustificazione del regime" è un concetto che richiede qualche spiegazione. È stato sviluppato in una serie di studi dallo psicologo politico americano John Jost e dal suo gruppo di ricerca. È descritto nel libro Originals di Adam Grant, che riassume la teoria come segue

"Nella sua ricerca, l'accettazione della disuguaglianza economica era più alta tra gli afroamericani relativamente poveri che tra gli europei. I soggetti appartenenti alle fasce di reddito più basse erano anche molto più propensi a considerare la disuguaglianza economica come inevitabile rispetto a quelli appartenenti alle fasce di reddito più alte. Inoltre, è stato riscontrato un numero doppio di probabilità di rinunciare alla libertà di parola. Le persone più svantaggiate erano più propense a sostenere uno status quo sociale che andava contro di loro. I ricercatori hanno concluso che "Il risultato contraddittorio è che coloro che soffrono maggiormente di una determinata condizione sono i meno propensi a metterla in discussione, a rifiutarla e a cercare di cambiarla".

Questo fenomeno ha portato Jost e il suo team a sviluppare la teoria della legittimazione del regime. L'idea centrale è che le persone sono motivate a razionalizzare lo status quo come legittimo. Anche se questa razionalizzazione va contro i loro interessi individuali o di gruppo.

Questo perché l'autogiustificazione del sistema esistente ha l'effetto di alleviare il dolore psicologico. È un antidolorifico emotivo e psicologico. È inutile lamentarsi, rende solo più difficile la situazione. Ma ci priva della giusta rabbia per combattere l'ingiustizia e della volontà creativa di cambiare il mondo".

La "legittimazione del regime" è una sorta di difesa che gli individui hanno nei confronti della società. Verso la fine del riassunto, vediamo la frase "antidolorifici emotivi e psicologici". Questo è il punto chiave. Più si è emarginati, più si è vittime del sistema e delle sue strutture, quindi è nel proprio interesse cambiarlo. Ma loro non pensano che sia facile cambiare, quindi accettano volontariamente che il mondo sia così com'è. Così facendo, ottengono un immediato conforto psicologico e alleviano la loro sofferenza. In un certo senso, è una risposta molto pragmatica. In un certo senso, è una risposta molto pragmatica, anche se la realtà non migliora e il dolore peggiora. Ecco perché usiamo il termine "antidolorifico".

È un po' come la favola di Esopo dell'uva acerba, in cui una volpe trova un grappolo d'uva appeso in alto, salta su e giù, ma non riesce a morderlo. Mentre si allontana, dice: "Temo che quell'uva sia troppo acerba per essere mangiata".

In che modo questo si collega alla psicologia dell'odio per se stessi? Nell'odio per se stessi, il "sistema" siete voi, la realtà e le circostanze in cui vi trovate. Potreste non essere così carenti, insicuri o insoddisfatti, ma vi sentite così.

Se davvero sentite di non essere abbastanza bravi, andrete a colmare le vostre lacune. Questa è la risposta più saggia, sana e appropriata. Non esiste una "mancanza" o "insoddisfazione" intrinseca nei sentimenti e nelle emozioni umane. Esistono solo "misure" secche e oggettive. Se si ha sete, si misura la "mancanza di acqua nel corpo" e si beve acqua. Se avete freddo, è una misura della "bassa temperatura corporea" e dovete riscaldarvi.

Una volta che qualcosa è stato misurato, essere riempito o modificato in base a quella misurazione. Questa è la funzione e lo scopo originario della misurazione. È simile al modo in cui le persone svantaggiate si iscrivono attivamente ai partiti politici, votano e sostengono i partiti e i politici che lavorano per loro, o si impegnano in altri movimenti sociali per migliorare la loro situazione.

L'odio per se stessi si traduce in una "giustificazione del sistema personale". È una "giustificazione della realtà", cioè è difficile cambiare ed è doloroso rimanere nello stesso stato, quindi ci si anestetizza con l'autogiustificazione che "questa inadeguatezza e insoddisfazione è il mio stato naturale". È naturale e giustificato", quindi ci anestetizziamo con l'autogiustificazione. Di conseguenza, la sofferenza della mente è illusoria.

Proprio come i giustificatori del sistema giustificano il sistema sociale esistente, iniquo e irragionevole, io do per scontate le mie brutture e inadeguatezze. Questo rafforza l'odio per se stessi. Può farvi sentire meglio, ma non è la risposta. Vi priva del potere di vivere una vita sana e di fare la differenza.

Dobbiamo fermare il processo sbagliato. La bruttezza e la mancanza possono non essere ciò che si è realmente, ma anche se ci si sente così, non è qualcosa da "accettare così com'è". È una misura, e possiamo decidere cosa fare in base a quella misura.

Bisogna scegliere tra un conforto psicologico superficiale o temporaneo cambiamento reale, utile e autentico. Dobbiamo solo scegliere di non accettare quel falso conforto. Se lo facciamo, ci muoviamo naturalmente verso un cambiamento reale.

Riconoscendo con acume le diverse psicologie che stanno alla base dell'odio per se stessi, possiamo liberarcene. Possiamo fermarlo. Possiamo smettere di odiarci inutilmente, di vederci brutti o non all'altezza. E allora il potere interiore che è sempre dentro di noi viene fuori e la nostra vita cambia da sola. Potete essere voi stessi e vivere una vita meravigliosa.

◆◆◆

Sintesi

La giustificazione della realtà è una forma di odio per se stessi, un meccanismo di difesa psicologica con cui gli individui giustificano le proprie inadeguatezze o il proprio stato di insoddisfazione. Fornisce un conforto psicologico temporaneo, ma impedisce un vero cambiamento. È simile alla "giustificazione del sistema", in cui chi è svantaggiato giustifica un sistema ingiusto. La vera soluzione è rifiutare questo falso conforto e apportare cambiamenti reali e utili attraverso una valutazione oggettiva. Così facendo, possiamo liberarci da un inutile odio verso noi stessi e recuperare la nostra dignità e il nostro valore intrinseci.

1.7 Gli errori necessitano sempre di un "capro espiatorio"

: Compulsione cerebrale sinistra - Perché il cervello sinistro continua a cercare "falsi motivi

Quando accade qualcosa, gli esseri umani cercano abitualmente la causa o il motivo sbagliato, anziché cercare la "vera ragione". Questa compulsione è più inconscia che consapevole, quindi spesso non la riconosciamo.

Il problema è che troppo spesso diamo la "colpa" alle cose che vanno male. Naturalmente, non sempre diamo la colpa a noi stessi; a volte diamo la colpa agli altri, a volte all'ambiente che ci circonda. E perfino il destino. Ma poiché ci preoccupiamo principalmente di noi stessi, tendiamo a cercare ragioni e cause per i nostri errori. È un'abitudine. L'autocolpevolizzazione e il senso di colpa sono inconsci, il che li rende più difficili da affrontare.

L'inutile autocolpevolizzazione non fa che aumentare l'odio e la negazione di sé. Inoltre, impedisce un'accurata auto-riflessione e comprensione. Non farlo. Dire semplicemente "non farlo" non lo fa smettere. La causa principale rimane la stessa.

Le neuroscienze indicano una "compulsione del cervello sinistro" come causa principale dell'autocritica. È il bisogno istintivo del cervello sinistro di trovare una ragione per qualsiasi cosa si faccia, che porta a negare se stessi.

Nei mesi di luglio e agosto 2000, la BBC2 nel Regno Unito ha trasmesso un documentario in sei parti intitolato Brain Story. La storia che segue è tratta dalla sesta parte, "Il mistero finale". (È possibile trovare storie correlate su Internet cercando "left brain lies").

Più avanti nel film, sentiamo parlare di un uomo di nome Joe, a cui è stato rimosso chirurgicamente il corpo calloso, che collega i lati destro e sinistro del cervello. Si tratta di una procedura che non viene più eseguita, ma che un tempo veniva utilizzata per trattare l'epilessia e altre patologie, per evitare che le crisi epilettiche di un cervello si propagassero all'altro.

In questa scena, facciamo un semplice esperimento con Joe. Gli mostriamo una parola con l'occhio destro e gli chiediamo di dirci di cosa si tratta. Le informazioni provenienti dall'occhio destro vanno al cervello sinistro, che è responsabile del linguaggio, e il cervello sinistro ha un'area linguistica, quindi Joe vede la parola e dà la risposta corretta. Ma quando gli si mostra una parola con l'occhio sinistro, non può rispondere. Le informazioni provenienti dall'occhio sinistro vanno al cervello destro, ma poiché il corpo calloso è scollegato, le informazioni non vengono trasmesse dal cervello destro a quello sinistro, per cui Joe non può interpretare linguisticamente ciò che vede. Invece, quando a Joe viene chiesto di fare un disegno delle parole che vede, le disegna correttamente. Il suo cervello sinistro non era in grado di interpretare verbalmente, ma il suo cervello destro era in grado di riconoscere non verbalmente ciò che vedeva.

La chiave dell'esperimento è la scena seguente, in cui a Joe viene chiesto: "Perché hai fatto quel disegno?" e lui dà la sua risposta qualificata. Ad esempio, dopo aver visto la parola "casa" con l'occhio sinistro, Joe disegna una casa e, quando gli viene chiesto perché l'ha disegnata, risponde: "Ultimamente stavo cercando un nuovo posto dove vivere". In questo caso, la risposta onesta e accurata sarebbe: "L'ho solo disegnata" o "Non lo so". Tuttavia, il cervello sinistro di Joe sta inventando compulsivamente delle ragioni.

Si dice che tutti i pazienti con amputazione del corpo calloso abbiano la stessa reazione: le informazioni visive che entrano dall'occhio sinistro rimangono nel cervello destro (che riconosce non verbalmente l'oggetto, ma non verbalmente) e disegna un'immagine di "ciò che il cervello destro ha visto". Quando si deve rispondere "non so" sul perché si è fatto quel disegno, il cervello sinistro, che non sa nulla, si inventa una "finta ragione" per rispondere. È da qui che deriva il termine "bugie del cervello sinistro".

Il nostro cervello (soprattutto il cervello sinistro) ha l'impulso di trovare una logica, una ragione o una causa unica per fare o scegliere qualcosa.

Sulla base dell'esperimento di cui sopra, possiamo dedurre che ciò che il nostro cervello sinistro trova potrebbe non essere la vera causa o ragione. Questo perché il meccanismo del cervello sinistro non riguarda "la vera ragione", ma "la risposta più plausibile".

Una di queste è l'inutile autocolpevolizzazione e il senso di colpa. Per quanti errori e colpe io possa aver commesso, ci sono molti fattori ambientali, cause invisibili e forze incontrollabili che non posso controllare. Il nostro cervello potrebbe non essere in grado di vederli, come se il corpo calloso fosse tagliato e il cervello sinistro non riconoscesse ciò che vede dal cervello destro. Allora, invece di dire "non lo so" o "non lo so e basta", inventiamo ragioni plausibili ma false (autocolpevolizzazione, senso di colpa) e ci crediamo. È una sorta di abitudine inconscia, una testardaggine, una reazione.

L'odio per se stessi guarda alla "mia colpa" come ragione della propria auto-colpevolizzazione e del proprio senso di colpa. Io sono quello che sa di più, quello che mi è più vicino. C'è molto da scoprire. Mi faccio capro espiatorio e a volte do la colpa a qualcuno più debole di me. In questo caso, è il cervello sinistro che fa da capro espiatorio agli altri. Che si tratti di me o di qualcun altro, il meccanismo del capro espiatorio è lo stesso. È uguale soprattutto perché entrambi sono brutti.

- **Molte cose accadono "semplicemente", senza alcuna colpa.**

Molte delle cose che consideriamo "colpa mia, mio errore, mia incompetenza, mio malinteso" in realtà non lo sono. Se qualcosa è effettivamente colpa vostra, non ignoratela, non evitatela, ma cercate di capirla con obiettività in modo che non si ripeta. Un numero sorprendente di cose "accadono e basta", cioè non sono "colpa mia". Dobbiamo solo accorgerci e accettare questa "giustezza". Senza forzare ragioni e razionali che non hanno senso.

Ecco un esempio. Cammino in una strada buia e inciampo in un sasso perché si trova lì per caso. Non è colpa mia. Chiunque può camminare in quella zona buia e inciampare in un sasso, ed è inevitabile che cada. Oppure siete su un autobus e la persona in fondo tossisce molto forte. Finisco per prendere il raffreddore. Non è "colpa" mia. È solo che c'è qualcuno con il raffreddore nelle vicinanze. Sto camminando in una città strana e remota e all'improvviso un cane pazzo salta fuori dai cespugli e mi morde la gamba. Anche in questo caso, non è colpa mia. Si scopre che diverse persone sono state morse sulla strada in quel quartiere.

Spesso le cose banali e complesse che viviamo non sono diverse da pietre, raffreddori e cani rabbiosi. Creiamo "la mia colpa" e ci crogioliamo nell'autocolpevolizzazione e nel senso di colpa.

Se avete mai sofferto di "compulsione cerebrale sinistra" e siete stati ingannati, riconoscetela e smettete di fare chiacchiere senza senso. Non complicatevi la vita quando non è colpa vostra. Questo è il modo per essere più fiduciosi e presenti.

◆◆◆

Sintesi

La "compulsione cerebrale sinistra" è un meccanismo psicologico che ci porta a incolpare spesso noi stessi quando cerchiamo la causa di un errore o di un problema. Ciò è dovuto al desiderio istintivo dell'emisfero sinistro del cervello di trovare una ragione comprensibile. Tuttavia, questo meccanismo porta spesso a un'autocolpevolizzazione imprecisa e inutile. Spesso ci colpevolizziamo, anche se molte situazioni sono semplicemente "accadute". Riconoscendo e interrompendo questa abitudine, possiamo vivere una vita più sicura e dignitosa.

1.8 Sono anch'io un "altro" che deve trattare equamente se stesso

: La maggior parte di noi tratta noi stessi peggio degli altri: trattiamo gli altri peggio di noi stessi.

Le funzioni fondamentali della nostra coscienza sono l'oggettivazione e l'identificazione. L'oggettivazione è quando divento il soggetto della consapevolezza e vedo tutto ciò che non è me stesso come "oggetto" della consapevolezza, cioè la funzione di istituzione "soggetto-oggetto". L'identificazione è la capacità di percepire nuovamente l'oggetto oggettivato come me, o di includerlo in me.

Nell'articolo precedente ho descritto il processo di odio per se stessi, in cui usiamo male questa funzione di oggettivazione per separare e oggettivare inconsciamente il "me buono" e il "me cattivo", per poi identificare il "me buono" come il "vero me" e disprezzare e odiare il "me cattivo", che è anche noi stessi. Comprendendo l'intero processo, possiamo liberarci da un inutile odio verso noi stessi.

L'oggettivazione e l'identificazione non sono di per sé negative. È solo una funzione di base della coscienza per l'efficienza della sopravvivenza, quindi possiamo notare e riconoscere le sue strutture e i suoi meccanismi, ma non possiamo liberarcene. No, non dobbiamo liberarcene. Dobbiamo solo farne buon uso.

Sebbene la separazione e l'oggettivazione di "me buono" e "me cattivo" sia una falsità, è naturale per me sentirmi e trattarmi come un oggetto. Tutti possiamo "sentirci", cioè riconoscerci come oggetti. Non richiede alcuna consapevolezza o lavoro speciale, accade e basta, e sta accadendo ora.

Di solito non ci accorgiamo di questa struttura: è solo "io sono io" e basta. Ma se prestate attenzione, noterete che io sono un oggetto tanto quanto chiunque altro e che mi tratto come tale nella mia vita quotidiana.

D'ora in poi, cercate di essere più consapevoli in ogni momento di "me come oggetto che è altro da me". Non dovete forzarvi a sentirvi separati o divisi. Non dovete sforzarvi o fare uno sforzo, ma solo diventare consapevoli di una funzione della vostra coscienza che state svolgendo automaticamente e senza pensieri da un po' di tempo.

Lio che amo, adoro, di cui sono orgoglioso, che odio, che non mi piace, che mi delude e che mi dispiace è anche un altro oggetto e un'altra persona, quindi prendiamocene cura e trattiamolo con giustizia d'ora in poi. Inoltre, non sono così vecchio, quindi perché non dovrei trattarmi meglio se gli altri mi trattano bene?

La verità è che spesso trattiamo noi stessi peggio degli altri. Quando facciamo qualcosa di sbagliato, siamo duri con noi stessi e lasciamo che gli altri se la cavino. Non mi danno alcun credito. E quando faccio bene, raramente mi elogio o mi incoraggio.

Immaginate cosa accadrebbe se trattassi qualcuno come tratto me stesso. Se facessi qualcosa di sbagliato, verrei criticato, sminuito e attaccato all'infinito. Anche se facessi qualcosa di giusto, saresti molto avaro di riconoscimenti e lodi. Quella persona non impazzirebbe? E se un genitore crescesse un figlio in questo modo? È orribile pensarci.

Nel mondo ci sono molti opposti. Ci sono molte persone che sono dure con gli altri e generose con se stesse. Ma questo è solo l'aspetto esteriore. In realtà, se si guarda più da vicino al loro cuore, si scopre che non sono soddisfatti o rilassati in modo sano. Una persona veramente soddisfatta di sé e che si prende cura di sé non sarà dura con gli altri. Quando sembrano essere generosi con se stessi, è una forma di evitamento e paralisi consapevole. (Anche la loro autostima è distorta, perché non esiste un "altro" per loro; il sé senza gli altri è un sé patologico).

D'ora in poi, trattate voi stessi come trattereste una persona a cui tenete e che amate. Dovete essere fermi e severi con voi stessi, ma senza essere troppo severi. Non siate troppo condiscendenti, non siate troppo severi e non siate troppo obiettivi. Quando rimproverate, siate attenti alla situazione, al caso e all'ambiente, e quando lodate, raddoppiate o triplicate il vostro sostegno.

Non funziona? È strano che funzioni, innanzitutto. È l'opposto di quello che stavate facendo, quindi dovete continuare ad andare avanti con costanza e coraggio finché non superate l'inerzia e cambiate direzione. Poi, a un certo punto, attraverserete una soglia e vi sembrerà naturale.

"Sì, ti sbagli. Ti sei sbagliato.

Ma avete fatto del vostro meglio in tutto il resto, lo so.

Il risultato non è buono, ma è quello che è,

A prescindere da questo fallimento, cerchiamo di fare del nostro meglio la prossima volta.

Mi fido di te".

"Wow, sei così bravo, sei tu!

È qui che eccellono davvero.

Non credo che avrei potuto farlo.

Sono così orgogliosa di te.

Ottimo lavoro, ancora una volta".

Ci sono molte altre cose che potete dire a voi stessi e per voi stessi. Pensateci bene e usatele quando ne avete bisogno. Non c'è nulla che possa conservare per me stesso nel viaggio della vita.

◆◆◆

Sintesi

Spesso trattiamo noi stessi più duramente degli altri. Ciò deriva dall'abuso delle funzioni di "oggettivazione" e "identificazione" della coscienza. Ci percepiamo come oggetti e a volte ci trattiamo in modo troppo duro, ma dovremmo trattarci in modo giusto e gentile, come se fossimo una persona cara. Dovremmo essere positivi verso noi stessi, comprendendo quando commettiamo degli errori e lodandoci di più quando abbiamo successo.

1.9 La formula magica del "Nonostante tutto, non mi lascio sopraffare"

: L'inconsapevolezza può essere trasformata in coscienza.

Quando ci troviamo di fronte a una condizione o a una situazione, di solito determiniamo la nostra risposta emotiva in base ad essa. Ad esempio, "mi sento intimidito perché non ho molti soldi" o "mi sento impotente perché non ho le capacità". In sostanza, però, non esiste una relazione diretta tra "la mia realtà o situazione" e "come mi sento". A meno che non si crei intenzionalmente il collegamento.

Il "come mi sento" riguardo alla "mia situazione" è un'associazione appresa. Non è perché si suppone che ci si senta in quel modo, ma perché si è stati socialmente o personalmente condizionati a "sentirsi in quel modo" dal passato.

Possiamo interrompere questo collegamento?

Certo che ci sono. Sono possibili diversi approcci e metodologie a seconda della prospettiva.

Vorrei suggerire un modo per farlo. Trovate qualcosa nella vostra situazione o realtà che si adatti alla frase successiva, e poi dite la frase finita come se fosse una dichiarazione.

"Non mi faccio prendere dal "anche se".
E sono libero di fare tutto ciò che mi serve".

Potete dirlo ad alta voce o nella vostra mente. In ogni caso, ditelo con fermezza, con convinzione e più e più volte. Lasciate perdere il fatto che si realizzi o meno nella realtà, perché il pensiero "Ma non succederà..." è solo una distrazione. Dovete solo sentirlo come se fosse già accaduto o come se foste già in quello stato. Naturalmente, questo non cambierà immediatamente la vostra mentalità. Ma con il tempo e la ripetizione, l'effetto è evidente. Ecco alcuni esempi

"Non sono né alto né atletico, ma non mi lascio fermare da questo.
E sono libero di fare tutto ciò che mi serve.

Io ne so meno, ma non lascio che la mia ignoranza prenda il sopravvento.
E sono libero di fare tutto ciò che mi serve.

Non ho soldi, ma non ho un senso di mancanza o di povertà.
E sono libero di fare tutto ciò che mi serve.

Non vado d'accordo con le persone, ma questo non mi impedisce di sentirmi alienato e solo.
E sono libero di fare tutto ciò che mi serve.

Non mi crogiolo nell'autoironia o nell'invidia, anche se mi mancano i talenti, le capacità e le condizioni.
E sono libero di fare tutto ciò che mi serve.

Non mi piacciono gli individui, i gruppi o le situazioni, ma non mi lascio necessariamente prendere dalla rabbia.
E sono libero di fare tutto ciò che mi serve.

Vedo chiaramente che la società è incasinata, ma non mi lascio coinvolgere dal senso di inadeguatezza personale e collettiva.
E sono libero di fare tutto ciò che mi serve.

Non mi soffermo su sentimenti di inadeguatezza, insufficienza o limitazione in nessun ambito della mia vita, anche se mi sembra di non esserci ancora.

E sono libero di fare tutto ciò che mi serve".

Ora creiamo alcune frasi adatte alla vostra situazione e dichiariamole. Tenendo presente che

L'inconscio può essere trasformato in coscienza!

◆◆◆

Sintesi

La nostra risposta emotiva è in gran parte determinata dalla situazione, ma si tratta di un legame appreso. Per rompere questo legame, possiamo usare la frase: "Nonostante, non sono deliberatamente attaccato a, sono libero di fare ciò che devo fare. E sono libero di fare ciò che deve essere fatto". Ripetendo questa dichiarazione, possiamo riformulare la connessione tra la situazione e la nostra risposta emotiva. Con una pratica costante, possiamo trasformare la nostra mente inconscia.

Capitolo 2 Come l'Odio per se stessi diventa odio verso gli altri?

2.1 Vale davvero la pena odiare?

2.2 La proiezione non è né "l'ombra interiore" né la natura demoniaca

2.3 L'invidia e la gelosia nascono dalla superiorità

2.4 Assolviamo noi stessi punendo gli altri

2.5 La tua proiezione non ha nulla a che fare con quell'oggetto esterno

2.6 Superiamo la proiezione comprendendo la sua bipolarità

2.1 Vale davvero la pena odiare?

: Sono davvero degni della mia energia emotiva?

Oltre all'odio per se stessi, dobbiamo anche affrontare l'odio verso gli altri. Se avete davvero bisogno di difendervi, se l'altra persona ha bisogno di sistemare qualcosa o se dovete risolvere qualcosa, dovete farlo. Se è necessario giustificare le proprie azioni contro la persona e la situazione, bisogna fare tutto. Ogni pensiero, ogni parola, ogni azione, ma non è così. Se state odiando inutilmente, dovete fare qualcos'altro.

Se odiate costantemente qualcuno nella vostra vita e questo vi provoca un disagio emotivo, c'è qualcosa su cui dovete riflettere per il vostro bene.

Questa persona è davvero degna del mio continuo odio?

Se odio qualcuno (che lo esprima o meno), da quel momento in poi sento che odiarlo è un atto significativo, non ingiustificato.

In realtà, odiare qualcuno non è una vendetta, né il modo per creare l'effetto desiderato.

Odiare qualcuno significa spendere la propria energia vitale per lui. L'odio è anche interesse. L'interesse è un investimento di energia fisica ed emotiva. Non ho abbastanza energia da dare alle persone o alle cose che amo e adoro, quindi perché dovrei dare la mia attenzione e la mia energia vitale a qualcuno che non la merita?

Per me è una domanda seria.

La persona è davvero degna del mio odio?

È degno della mia attenzione?

Ha senso continuare a dargli l'energia della mia vita?

Se ne vale la pena, allora andate avanti e odiatelo. Ma quando diventa chiaro che non ne vale la pena, smettete di dargli la vostra attenzione, smettete di dargli la vostra energia, siate "indifferenti" e "non preoccupati". Lanciategli un ultimo osso sarcastico, come fareste con un cane, e chiudete la questione.

Per voi stessi, per la vostra vita, non per nessun altro.

Non importa quanto odiate la cacca, non potete starvene seduti a dire: "Odio la cacca, odio la cacca! Smettete di pensare alla cacca e iniziate a pensare ai fiori. Datevi cose più concrete a cui pensare e a cui prestare attenzione. È molto più utile.

◆◆◆

Sintesi

L'odio per gli altri è dannoso per voi stessi. Se vi trovate a odiare costantemente qualcuno, dovreste chiedervi se vale davvero la pena di odiarlo. L'odio è una perdita di energia e di attenzione: valutate se questa persona vale davvero l'energia della vostra vita. In caso contrario, è meglio essere indifferenti e distaccati. È invece più utile prestare maggiore attenzione alle cose e alle persone che valgono davvero.

2.2 La proiezione non è né "l'ombra interiore" né la natura demoniaca

: Siete invidiosi di qualcuno? Credete di essere superiori a lui.

"Hai la sensazione che le persone ti rifiutino?
La verità è che non si vuole avere a che fare con loro.

Avete la sensazione che qualcuno vi faccia sentire in colpa?
La verità è che non volete accettare la richiesta.

Avete la sensazione che tutti vi guardino?
La verità è che lei si preoccupa troppo delle persone.

Avete la sensazione che le persone stiano cercando di farvi del male?
La verità è che siete arrabbiati con loro e vi sentite ostili nei loro confronti.

Vi sentite incapaci di fare qualcosa?
In effetti, non è il caso di farlo.

Cosa c'è nelle persone che vi fa disprezzare?
In realtà è il "cosa" in voi che odiate.

Chi invidiate?
Gli stai facendo credere di essere migliore di lui".

Perché noi esseri umani ci ostiniamo a vedere negativamente, odiare, invidiare e demonizzare gli altri?

Tutte queste frasi sono legate al fenomeno della proiezione, un meccanismo psicologico di difesa. La prima parte di ogni frase è la proiezione su un oggetto esterno, mentre la seconda è la vera forma della proiezione, le "ombre" dentro di voi.

Una descrizione comune della "proiezione" è "Un modo di attribuire agli altri tratti che sono inerenti a se stessi ma inaccettabili; cioè, pensare e agire come se i propri attributi psicologici fossero presenti negli altri".

Si tratta di attribuire agli altri pensieri, sentimenti o impulsi inaccettabili, scioccanti o imbarazzanti che si hanno dentro di sé. Ad esempio, potreste non essere consapevoli di essere arrabbiati, ma pensare che l'altra persona lo sia, il che rappresenta una forma di proiezione. Naturalmente, l'altra persona può essere o non essere realmente arrabbiata. Forse è un po' arrabbiata, forse lo è molto. Sta a voi esprimere questo giudizio nel modo più oggettivo e completo possibile. Tuttavia, comprendere la proiezione significa prendere in considerazione tutte queste possibilità e concentrarsi sulle "strutture e cause psicologiche interne" del comportamento, indipendentemente dall'oggetto esterno.

Il primo anello della catena per risolvere la proiezione negativa è affrontare la causa principale della proiezione, l'"ombra" dentro di noi.

Chiamiamo qui "ombreggiamento" la "demonizzazione". Il motivo per cui la proiezione è negativa può essere analizzato come segue. In primo luogo, la persona sente un qualche aspetto "demoniaco" dentro di sé e lo proietta su un oggetto esterno, cioè demonizza l'altra persona.

- Illusione primaria: qualche aspetto del sé viene percepito come "demoniaco". (Questo è direttamente collegato al meccanismo dell'odio di sé).

- Illusione secondaria: proiettare la natura demoniaca creata su un bersaglio esterno.

In altre parole, sento l'"ombra" dentro di me, ma allo stesso tempo non riesco ancora ad abbracciarla o accettarla naturalmente come mia. È lì, ma non riesco a riconoscerne l'esistenza e quindi la sovrascrivo con qualcosa di esterno a me.

Quindi, possiamo anche pensare di fermare la proiezione sulla base di questi due elementi?

Innanzitutto, smettete di commettere l'errore di percepire gli aspetti oscuri di voi stessi come negativi o demoniaci.

In breve, è la percezione e l'accettazione delle cose "così come sono". È solo un aspetto del nostro essere intrinseco, una caratteristica. Vedere le cose "come sono" in modo sano è normalizzazione e guarigione.

Questo è anche il processo principale per risolvere il nostro tema, la psicologia dell'odio per se stessi. Gli aspetti istintivi, i bisogni, i tratti della personalità, le caratteristiche e i desideri che abbiamo sono naturali per noi in quanto esseri viventi. Tuttavia, a causa delle critiche e dei rimproveri degli adulti durante l'infanzia, dell'oppressione e della pressione degli altri e della società durante la crescita e delle auto-inibizioni che ci creiamo da soli, sviluppiamo "auto-tabo".

Qualcosa che "esiste già" non scompare quando si pensa che non esista. È impossibile in primo luogo. Proviamo a farlo e poi ci disperiamo. Questa disperazione porta all'odio per se stessi.

Ad esempio, i nostri sentimenti di bisogno, rabbia, desiderio, ritiro, depressione, tristezza, ecc. non sono "negativi". Sono risposte vitali e naturali. La chiave è come imbrigliare o controllare questi sentimenti, non negarli, reprimerli o far finta che non esistano. La risposta non è nemmeno quella di immergersi eccessivamente in essi; tale immersione non ha effetti positivi, ma piuttosto produce effetti negativi. Entrambe le reazioni si traducono nella proiezione di problemi interni irrisolti su oggetti esterni.

In secondo luogo, è necessario notare la proiezione verso l'altra persona o verso l'esterno.

È rendersi conto che l'ombra o la natura demoniaca in me non è intrinsecamente demoniaca, e che la negatività e la natura demoniaca dell'altra persona che sento e percepisco non è "la vera forma e condizione dell'altra persona". Quindi il primo passo è smettere di proiettare la negatività sull'altra persona. Naturalmente, ci possono essere casi in cui l'altra persona è negativa. In questi casi, è importante non sentire o proiettare più negatività di quanta ne abbia già.

Per esempio, se la negatività di una persona è a un livello massimo di 100, in questo momento dovrei vederla a circa 30, ma mi viene detto di smettere di sentirmi a 70 o 80 a causa della mia proiezione interiore e della demonizzazione dell'altra persona. Le mie emozioni e le mie reazioni sono destinate ad essere intense a causa dell'eccesso di regolazione, e cose a cui posso rispondere e gestire normalmente possono portare a reazioni eccessive o a grandi conflitti. Alla fine, sia voi che l'altra persona soffrite per un conflitto inutile.

Mentre è importante fermare la seconda illusione, la prima illusione, "la mia natura demoniaca interiore", deve prima essere chiaramente vista, riconosciuta e notata per poter essere risolta. Senza una sana accettazione di noi stessi, non possiamo accettare pienamente il mondo esterno. In sostanza, l'interno e l'esterno non sono completamente separati come pensiamo.

La chiave è riconoscere che non sono "negativi" in primo luogo - che le emozioni, i sentimenti, i pensieri, le reazioni, ecc. dentro di voi sono cose naturali che sono lì per una ragione, non cose da eliminare o negare. Desideri, desideri, paure, rabbia, ansia... sono solo nomi che noi umani abbiamo dato loro, e non hanno nulla a che vedere con ciò che sono. I vari bisogni, desideri ed emozioni che provo sono solo le naturali "reazioni e grida della vita". Non c'è niente di male nel fatto che ci siano e che si sentano. È il modo in cui rispondo e le elaboro che conta. Questo non vuol dire che dovete fare tutto ciò che sentite e volete, ma piuttosto che dovete trovare il modo più saggio per affrontarli.

Se decidete fin dall'inizio che "non devono essere sentiti, non devono essere pensati, non devono esistere", allora tutti i processi e le azioni successive sono destinati a non funzionare.

Una volta affrontata l'"ombra dentro di voi", il problema della proiezione è praticamente risolto. È un fenomeno di causa ed effetto. Se sono bravo a trattenere, accettare, riconoscere ed elaborare i miei sentimenti, i miei bisogni, le mie emozioni e i miei pensieri, non ho nulla da proiettare su oggetti e persone esterne, o se li proietto all'esterno come ho fatto finora, non importa. Quando smettete di preoccuparvi del processo di proiezione, non importa se proiettate o meno.

Per risolvere la proiezione, è meglio lavorare prima su "me" e sul "mio io interiore", non sugli oggetti esterni e sulle altre persone. Si tratta di risolvere il problema della mia ombra interiore. Non si tratta di sbarazzarsi dell'ombra o di aggiustarla; si tratta di notare che l'ombra non è un'ombra. Così da poter iniziare con me stesso, essere gentile e accettante, e abbracciarla. Per poter finalmente andare oltre le parti di voi stessi che sono state erroneamente interpretate come ombre. Abbracciare permette di andare oltre. Sono lo stesso fenomeno.

Questo non significa che il processo sia facile. Abbiamo abitudini passate che si sono costruite nel corso di anni e decenni. Ci sono schemi mentali, coscienti e comportamentali. Notarli, fermarli e cambiarli richiede un po' di tempo e di impegno. Ma non è impossibile o irraggiungibile. Quando si "inizia", si è già "finiti". A patto che si continui ad andare avanti e non ci si fermi a metà strada. La destinazione è così ovvia.

◆◆◆

Sintesi

La proiezione è un meccanismo psicologico di difesa in cui attribuiamo agli altri caratteristiche inaccettabili di noi stessi. Si tratta di demonizzare e proiettare la nostra "ombra" interiore sul mondo esterno. Per affrontare questo problema, è necessario innanzitutto accettare il proprio lato ombra così com'è, senza vederlo come negativo. In secondo luogo, è necessario riconoscere e smettere di proiettare sugli altri. Una volta risolti i vostri problemi interiori, il problema della proiezione si risolverà naturalmente. Questo processo richiede tempo e impegno, ma se ci si attiene ad esso, ci si arriva.

2.3 L'invidia e la gelosia nascono dalla superiorità

: Sentirsi superiori e inferiori allo stesso tempo

A un certo punto della nostra vita, tutti proviamo invidia o gelosia nei confronti degli altri. Non si tratta solo di bambini. Non importa l'età, anche chi si è fatto un nome nel proprio campo non ne è immune. Tutti proviamo invidia e gelosia quando qualcuno simile o migliore di noi riceve più attenzione o ha più successo, anche se facciamo finta di niente.

L'invidia e la gelosia possono essere positive. In molti casi, "l'invidia è la mia forza" e mi spinge a impegnarmi di più o a sforzarmi di più. Ma alla fine mi rovina l'umore e mi fa sentire debole. Questo perché l'invidia e la gelosia sono fondamentalmente emozioni negative.

Volete smettere di provare invidia e gelosia? Ma il fatto che vogliate smettere non significa che succederà. Se volete davvero liberarvi dell'invidia e della gelosia, dovete farlo nel modo giusto.

C'è qualcosa che dovete sapere prima.

Il fatto che l'invidia e la gelosia siano intrinsecamente sentimenti di superiorità.

La teoria della proiezione vede le ombre dell'invidia e della gelosia (le emozioni archetipiche originali) come "sentimenti di superiorità". Questo può sembrare strano a prima vista. L'invidia o la gelosia si manifestano quando si ha la sensazione di essere carenti o non abbastanza bravi, il che sembra essere associato a sentimenti di inferiorità. Ma i sentimenti di superiorità?

Quando proviamo invidia e gelosia, è perché non siamo soddisfatti di noi stessi o delle nostre circostanze e condizioni, cioè non siamo soddisfatti di noi stessi, oppure perché siamo avidi. Vogliamo avere quello che ha l'altra persona.

Né la "mancanza di sé" né l'"avidità" sono la causa dell'invidia o della gelosia, ma piuttosto il suo effetto, quindi risolvere la mancanza di sé o abbandonare l'avidità non fermerà o eliminerà l'invidia o la gelosia. Ecco perché la maggior parte degli sforzi per eliminare l'invidia fallisce. La vera causa dell'emozione o dell'espressione proiettata rimane nascosta, come un'ombra. Non è nascosta. È solo che non ce ne accorgiamo.

Se non notiamo l'emozione originale e la sua causa, continuiamo a proiettare all'esterno la cosa sbagliata. Perché? Perché non lo sappiamo. È simile al pianto di un bambino che non smette di piangere se non ci accorgiamo dei suoi veri bisogni e gli diamo solo cose sbagliate. Anche l'invidia e la gelosia, proiettate su un oggetto esterno, sono una forma di proiezione di me su di voi. È come il pianto di un bambino che non smette di piangere quando porta in tavola la cosa sbagliata.

Ora lavoreremo sul riconoscimento dei veri sentimenti di invidia e gelosia. Sto riconoscendo me stesso. Più li riconoscete, più la proiezione svanisce. Non è facile, ma si può fare, proprio come un bambino che si agita si calma con la contentezza.

- I sentimenti di superiorità e di inferiorità vanno di pari passo.

Restiamo fermi ed esaminiamo la nostra mente. Quando invidiamo qualcuno che ha una cosa bella o che si trova in una buona situazione, i nostri pensieri sono di solito: "Oh, vorrei averla io" o "Vorrei essere come lui".

Non si tratta di questo. È "Io (non tu) posso averlo, me lo merito, ne ho diritto". In breve, diventa: "Sono così superiore.

Se vi sentite non all'altezza, non abbastanza bravi, non abbastanza degni, non vorrete avere o essere. A volte non provate nemmeno invidia o gelosia perché è come una barriera insormontabile che non riuscite a superare. Non potete permettervelo, innanzitutto.

L'invidia è l'emozione che si prova quando si è vicini ad averla, o quando il divario è minimo, mentre l'invidia è quando è un po' più lontana. Varia da persona a persona, ma questa è l'idea generale. La gelosia è quando il mio senso di superiorità interno è più forte, mentre l'invidia è quando è più debole.

D'ora in poi, quando proverete invidia, gelosia, riconoscetelo. "Oh, mi sento superiore, mi merito quello status, quella persona, quel dono, quel campionato, non quella persona". Non è inferiorità o avidità. È superiorità. Non dimentichiamolo.

Potreste pensare "Sentirsi superiori non è in fondo una cosa positiva per me, quindi perché è un problema?

C'è una ragione per questo. Perché la superiorità e l'inferiorità si presentano in coppia.

Non si tratta solo di superiorità e inferiorità. Ogni emozione o concetto che proviamo si presenta in coppia. Proprio come un magnete ha i poli N e S, o l'elettricità ha i poli negativi e positivi. I sentimenti di superiorità non possono esistere separatamente dai sentimenti di inferiorità.

In altre parole, la diade superiorità-inferiorità non è un'entità separata, ma piuttosto due polarità in un unico corpo. In realtà, sono una cosa sola. Spesso notiamo e sentiamo solo una di esse, scambiando l'altra per l'assenza dell'altra. Ma l'inferiorità e la superiorità sono concetti ombra l'uno dell'altro. Quando uno si rivela, l'altro diventa un'ombra nascosta, ma funziona allo stesso modo.

Se la superiorità e l'inferiorità si manifestano a coppie, deve esistere un corpo, o qualcosa che possa essere chiamato corpo. Un corpo con due facce. Solo vedendo chiaramente questo aspetto possiamo risolvere correttamente il nostro problema. Che cos'è il corpo?

Il corpo originario della coppia "superiorità-inferiorità" è l'appiccicosa "mente del confronto e della discriminazione", il che significa che, poiché esiste una mente che confronta e discrimina tra le cose, sorgono superiorità e inferiorità. Se non ci sono paragoni e discriminazioni, non ci sono superiorità e inferiorità. Pertanto, quando provate invidia e gelosia, dovreste notare che alla base c'è un senso di superiorità e inferiorità e sapere che sorgono perché avete una mente di confronto e discriminazione.

Il confronto e la discriminazione non sono forse naturali? Esiste un essere umano che non faccia confronti e il confronto non è forse l'unico modo per riconoscere le differenze?

Hai ragione. Dobbiamo solo capire bene una cosa. Anche il "confronto e la discriminazione" che creano superiorità e inferiorità non sono originali. Si tratta semplicemente di "misurazioni a secco": la pesata insensata di ciò che è più lungo e più corto, più pesante e più leggero, più chiaro e più scuro, più in forma e meno in forma, ecc. Queste misurazioni sono necessarie, e più sono precise, meglio è. Questo è un aspetto in cui gli esseri umani sono molto più bravi degli altri animali.

Il problema è che continuiamo a contaminare le misure secche con paragoni e discriminazioni appiccicose. Continuiamo ad aggiungere inutili etichette di "simpatia/dispiacere". Aggiunge uno strato di reazioni "superiore/inferiori". Se la cosa ci sfugge di mano, può addirittura sfociare nell'ossessione/odio. Naturalmente, non c'è nulla di sbagliato nell'attribuire un'emozione di simpatia/dispiacere a una misura. Anzi, è una reazione naturale. Facciamo delle scelte in base a questa reazione. Anche un'ameba, una creatura unicellulare, striscia sul pavimento e se vede qualcosa da evitare si allontana, mentre se vede qualcosa di buono lo cerca.

Il problema è che applichiamo il like/dislike anche quando non ce n'è bisogno, o ci fissiamo su di esso anche quando non dovremmo o non è necessario.

Ad esempio, il mio partner ha una buona relazione che invidio. "Buona" significa che è già stata misurata. Per esempio, quanti soldi ha o non ha, o quanto è bello o brutto il suo viso. Tutto qui. Tu hai più soldi, hai un viso più armonioso. Hai un partner così.

E allora? Determina me e la mia vita? Ovviamente no, sono solo "affari loro". Non ha nulla a che fare con me, a meno che io non ne faccia un affare mio. Non c'è nulla da guadagnare usando il loro lavoro per definire il valore di me e della mia vita. Perché trasformare questa semplice "misurazione" in un "confronto", collegandola a superiorità e inferiorità e creando, in ultima analisi, invidia e gelosia? Non c'è alcun motivo.

Il più delle volte, la mente del confronto e della discriminazione non si ferma alle misure secche, ma si attacca a qualcosa, una mente appiccicosa del confronto e della discriminazione. Diventa un corpo, e sorgono superiorità e inferiorità, poli positivi e negativi. La superiorità che sento si nasconde nell'ombra. Maschera inconsciamente la sensazione di "dovrei avere quello, dovrei avere quello, dovrei avere quello". Infine, l'invidia e la gelosia che rimangono vengono proiettate sull'altra persona, facendomi sentire peggio e più debole. La proiezione è una sorta di "emozione falsa, falsa".

Se siete arrivati fin qui, la situazione dovrebbe essersi risolta da sola.

Se volete continuare a provare e utilizzare l'invidia e la gelosia, potete farlo. Ma che dire dell'energia psicologica che vi sottrae? Quindi, se volete smettere di proiettare, che è difficile per voi e prosciuga la vostra energia psicologica, ecco cosa potete fare.

D'ora in poi, quando sorgono invidia e gelosia, riconoscete immediatamente che si tratta di una proiezione di superiorità dentro di voi. La proiezione è un'emozione falsa. In altre parole, non sto provando invidia e gelosia. Sentiamole e notiamole per quello che sono: un sentimento di superiorità.

Riconoscete anche che il senso di superiorità è una polarità di un inutile "confronto e discriminazione". Infine, riconoscete che il confronto e la discriminazione non sono intrinseci, ma sono contaminati da una misurazione arida. È solo una misurazione. Non c'è nulla di sbagliato o anormale nella misurazione. Dobbiamo solo usarla bene quando ne abbiamo bisogno.

Se si comprende deliberatamente che la mente del confronto e della discriminazione è la mente dell'arida misurazione e del giudizio, e non vi si aggiunge nient'altro di superfluo, allora la mente della superiorità e dell'inferiorità verso gli altri non sorgerà. Lungo è lungo e corto è corto, non superiore e inferiore, e anche se dovesse sorgere, non preoccupiamocene. Non ha importanza, se non quando è necessario. Anche se i sentimenti di superiorità e inferiorità continuano a sorgere per un po', usateli finché sono necessari e non preoccupatevi.

In altre parole, anche se si presenta, non c'è bisogno di cercare di liberarsene, di negarlo o di fermarlo, ma semplicemente di riconoscerlo per quello che è: una mente di superiorità e inferiorità. Riconoscere che si basa sulla mente appiccicosa del confronto e della discriminazione. E vedere il "confronto e la discriminazione" per quello che è: "misurazione e giudizio arido". Così non ci si preoccupa della sua presenza. Quindi, gradualmente, svanisce da sola. È così che va.

Non dirò che è facile. Ma si può fare. È un modo infallibile per liberarsi dall'invidia e dalla gelosia, per elevarsi al di sopra dei paragoni di superiorità e di inferiorità. Quindi, facciamolo insieme fino a quando non ci arriveremo. Perché anche se ci sono degli ostacoli lungo il cammino, se non ci arrendiamo o non ci fermiamo, alla fine ci arriveremo. È il potere della nostra mente. Non è così difficile se si ha la volontà di farlo.

◆◆◆

Sintesi

La radice della gelosia e dell'invidia è in realtà un senso di superiorità. Nasce dalla mente "appiccicosa" del confronto e della discriminazione. I sentimenti di superiorità e di inferiorità vanno sempre di pari passo e nascono da inutili "paragoni e discriminazioni". Per risolvere questo problema, quando provate gelosia o invidia, riconoscete che si tratta di una proiezione di superiorità. Dovete anche capire che questi sentimenti derivano da semplici "misurazioni e giudizi aridi". Una volta compresa la natura di questi sentimenti, potrete evitare inutili paragoni e discriminazioni e liberarvi dalla gelosia e dall'invidia.

2.4 Assolviamo noi stessi punendo gli altri

: Lo specchio dell'ombra - Capire la proiezione negativa

Prima abbiamo parlato di come la proiezione (soprattutto quella negativa) sia causata da un'incomprensione dell'elemento ombra che è in noi. Questa volta analizzeremo i meccanismi di "proiezione negativa" in cui siamo invischiati e come possiamo passare a una "proiezione sana".

Ecco un esempio. Qualcuno sembra molto vigliacco, e a me non piace la vigliaccheria, e non mi piace la persona che è vigliacca. Ma (indipendentemente dal fatto che la persona sia effettivamente vigliacca o meno) c'è un "elemento di vigliaccheria" in me, che non riesco a riconoscere o ad accettare, quindi lo reprimo o lo evito. L'elemento è presente in me, una parte normale dell'essere umano, ma non riesco a riconoscerlo, quindi lo reprimo come "ombra".

Soprattutto, chiamarla "codardia" è un termine improprio. In realtà, potrebbe non essere affatto codardia, ma semplice "prudenza". O forse è una "risposta razionale" che non possiamo riconoscere o permettere che esista, quindi la reprimiamo, la evitiamo o la ignoriamo come un'ombra. Basta essere tranquilli e ammetterlo, e non è niente.

In quello stato, se vedete quell'elemento nell'altra persona, a prescindere da come sia realmente, sentite e pensate: "Quella persona è vigliacca. Non mi piace", ed è così che vi sentite e pensate. Naturalmente, la persona può essere o meno vigliacca. Non si tratta della persona, ma di me e del mio io interiore.

È lo stesso meccanismo che porta una persona sessualmente conservatrice a sentirsi rifiutata o respinta da una persona sessualmente liberale. Incapaci di riconoscere la propria "ricerca o desiderio di libertà sessuale" interiore, vivono consciamente o inconsciamente con questa tensione interna e la proiettano all'esterno. Si assolvono "punendo" l'oggetto con odio, rabbia o disgusto. Naturalmente, questa è solo una misura di ripiego, non si risolve nulla e il ciclo continua.

La proiezione può essere suddivisa in "proiezione negativa" e "proiezione sana". Questa categorizzazione della proiezione in negativa e sana non è assoluta o unica, ma piuttosto una metodologia utile. Questa distinzione, da sola, può essere molto utile per affrontare le sfide della proiezione negativa nella nostra vita quotidiana. In ultima analisi, naturalmente, l'obiettivo dovrebbe essere quello di riconoscere qualsiasi proiezione per quello che è ed essenzialmente liberarcene.

La proiezione negativa si ha quando si mettono tutte le cause e i fattori "là fuori" senza rendersi conto che si sta proiettando. Così si rimane bloccati nella proiezione e si incolpano gli altri. La proiezione negativa è spesso accompagnata da una "risposta emotiva". Naturalmente, non tutte le reazioni emotive sono negative. Ci sono molte reazioni emotive sane e normali che sono proprio questo: reazioni. La proiezione negativa, invece, causa problemi perché la persona sente e vede l'altra persona o il mondo esterno in uno "stato, aspetto e intenzione distorti" causati da fattori interni al sé, invece di sentire e vedere veramente l'altra persona o il mondo esterno nel suo stato, aspetto e intenzione originali. Questo porta a reazioni emotive, di pensiero e comportamentali inutili e inefficaci, senza una chiara percezione dell'altra persona e della situazione.

Una "proiezione sana" è quella che riconosce la possibilità di proiezione mentre sentite e percepite il mondo esterno e l'oggetto:

vedete e sentite la stessa cosa nell'oggetto, ma siete pienamente consapevoli che c'è un elemento di proiezione dentro di voi. Così interpretate le emozioni, i comportamenti, le intenzioni e i pensieri dell'oggetto che sentite o interpretate come principalmente proiettati, ma allo stesso tempo siete sempre consapevoli che ci sono "altre possibilità", cioè considerate attivamente che ciò che sentite potrebbe non essere esattamente ciò che sentite. Per questo motivo i proiettori positivi hanno meno probabilità di rimanere bloccati nelle loro proiezioni e meno probabilità di avere reazioni emotive negative. Naturalmente, una proiezione sana non significa che non si debbano avere reazioni emotive. Le reazioni emotive sono naturali con qualsiasi proiezione. Una proiezione sana è diversa nel senso che non mi lascio coinvolgere o travolgere più del necessario e non influisce inutilmente sul mio giudizio.

In un certo senso, la proiezione sembra essere legata al funzionamento dei "neuroni specchio", che imitano le emozioni e i comportamenti degli altri, e quindi all'apprendimento del mondo esterno e all'empatia. Potrebbe anche essere una funzione cognitiva di base del cervello, come discuteremo nel prossimo articolo. In senso lato, quindi, la proiezione dovrebbe essere vista come uno "strumento" neutro e utile, non come una patologia. È nostro compito comprendere al meglio la sua funzione e la sua struttura e usarla bene.

◆◆◆

Sintesi

Questo articolo spiega i concetti di proiezione negativa e sana. Si parla di proiezione negativa quando si proietta all'esterno senza riconoscere i propri elementi ombra, mentre si parla di proiezione sana quando si comprende il mondo esterno riconoscendo il potenziale di proiezione. La proiezione può essere associata ai neuroni specchio e può essere vista come una funzione cognitiva fondamentale dell'apprendimento e dell'empatia. L'obiettivo è comprendere la proiezione e utilizzarla in modo efficace.

2.5 La tua proiezione non ha nulla a che fare con quell'oggetto esterno

: Oltre le ombre - Espandere la comprensione della proiezione

Ecco cosa trovo più sconcertante della teoria della proiezione in generale. Quando non ci piace, odiamo o detestiamo qualcosa, la teoria della proiezione ci dice che è perché abbiamo in noi i tratti che pensiamo abbia l'altra persona. Tendiamo a pensare "No, non è vero, è un po' forzato" oppure "Sì, potrebbe essere vero", e spesso è il primo caso. Spesso si verifica anche la seconda: "Sì, c'è un po' di questo". Ma è davvero così e non c'è altro?

Ci sono buone ragioni per questi dubbi. Potrebbe non essere l'intera storia del fenomeno della proiezione, il che significa che si tratta di una spiegazione parziale. Certamente, nella proiezione generale, soprattutto in quella negativa, il meccanismo di negare gli aspetti negativi di noi stessi, la nostra ombra, e di proiettarli su un oggetto esterno è abbastanza preciso. Rendendo consapevole questo processo, possiamo evitare proiezioni inutili e problemi emotivi.

A parte questo, ora dobbiamo avere una visione più ampia del meccanismo di proiezione umano, cioè comprendere il fenomeno della proiezione nel suo complesso, non solo la proiezione negativa. Si tratta di comprendere la proiezione come parte fondamentale della nostra percezione del mondo, non solo come meccanismo per affrontare la nostra "ombra interiore".

Cercare di fermare o eliminare la proiezione negativa "incondizionatamente" può portare all'evitamento, all'inibizione e alla repressione e non è una soluzione. Naturalmente è necessario liberarsi dalla proiezione negativa per la qualità della vita e delle relazioni. Tuttavia, è meglio farlo attraverso una comprensione e un approfondimento della proiezione, piuttosto che attraverso l'evitamento incondizionato. Quanto più chiaramente e profondamente comprendiamo la proiezione, tanto meglio saremo in grado di utilizzarla. Perché la comprensione facilita l'utilizzo.

In questo e nel prossimo articolo, utilizzerò due prospettive per completare ed estendere l'interpretazione limitata del fenomeno della proiezione. Non si tratta di una questione di giusto o sbagliato. Ci possono essere molte interpretazioni diverse di un fenomeno. La domanda è: quanto sono più accurate e precise e quanto sono più utili?

In questo articolo utilizzeremo le scoperte delle neuroscienze per reinterpretare il fenomeno della proiezione. L'idea di fondo è che nella cognizione umana non vi sia sostanzialmente alcuna relazione tra le informazioni che arrivano dall'esterno e quelle che vengono proiettate dall'interno verso l'esterno.

- Uno sguardo delle neuroscienze al fenomeno della proiezione

In "First among Equals", la quarta parte del documentario in sei parti "Brain Stories" della BBC2, trasmesso anche nel Regno Unito, viene presentato il caso di un uomo di nome Kevin. Questo caso dimostra che ciò che vediamo dall'esterno e ciò che la mente (il cervello) percepisce possono essere processi completamente separati.

Kevin ha avuto un incidente e ha difficoltà a riconoscere gli oggetti. Nel documentario, gli scienziati chiedono a Kevin di fare un disegno di una bicicletta. Kevin fa il disegno di una bicicletta perché l'immagine di una bicicletta rimane nel suo cervello. Tuttavia, quando gli viene chiesto cosa ha appena disegnato, risponde "Non lo so".

Non sa che l'oggetto davanti a lui è una bicicletta che ha appena immaginato nella sua testa e persino disegnato, perché ha un deficit cognitivo che gli impedisce di recepire le informazioni dall'esterno. Tuttavia, dal punto di vista logico, non è ancora facile da capire. Anche se si ha una percezione alterata degli oggetti esterni, non si riesce a riconoscere l'immagine appena disegnata? Non è così complicato. Ma il collegamento non avviene!

L'interpretazione del ricercatore è la seguente I due processi percettivi, dall'esterno all'interno e dall'interno all'esterno, sono completamente separati e non direttamente correlati. Normalmente, colleghiamo questi due processi per completare la nostra percezione, ma si tratta di una sorta di "connessione ad hoc, una connessione casuale", il che significa che non c'è una vera connessione tra i due. Non sembra esserci una spiegazione logica per la nostra percezione del mondo.

Si tratta di una deduzione ragionevole e valida, basata sui fenomeni osservati piuttosto che su una serie di principi consolidati, ma non dobbiamo guardare oltre il caso di Kevin per vedere che questa discrepanza tra "oggetti esterni" e "percezioni interne" non è rara. Anche se spesso la liquidiamo come un'anomalia, le neuroscienze suggeriscono che tali discrepanze possono essere la norma.

Per esempio, ci sono volte in cui ci si sbaglia su una persona o su una situazione che si vive. Possiamo sbagliarci perché siamo disattenti, oppure possiamo fraintendere o interpretare male ciò che vediamo. In entrambi i casi, c'è una mancata corrispondenza tra l'oggetto esterno e la percezione interna. In alcuni casi, pensiamo di avere un'immagine davvero accurata, ma in altri casi è incoerente o irrilevante. Questa discrepanza è un fenomeno comune anche nella vita quotidiana.

Si potrebbe obiettare. Non si tratta di una "incoerenza intrinseca" come nell'esperimento precedente, ma piuttosto di una "incoerenza situazionale" causata dalla mancanza di precisione. È vero. Sono due cose diverse. Ma potrebbe esserci un legame. Forse le discrepanze situazionali che sperimentiamo tra i nostri "oggetti esterni" e le nostre "percezioni interne" sono una manifestazione di una discrepanza intrinseca sottostante. Si tratta ovviamente di ipotesi, ma è utile per molti versi essere consapevoli che possiamo incorrere nella fallacia del mismatch in qualsiasi momento. Ci impedisce di seguire ciecamente un errore o un malinteso.

Quando le nostre impressioni e valutazioni di un oggetto o di una situazione si rivelano errate, di solito pensiamo di aver "giudicato male" e che il problema sia stato risolto correggendo la nostra percezione di quell'oggetto esterno. A volte, però, anche la percezione corretta è un altro errore o un malinteso e la discrepanza ricompare. Di solito sono necessarie alcune revisioni per restringere l'errore e arrivare a una percezione quasi accurata. A rigore, questo processo non è mai completo: le percezioni che organizziamo sono solo "corrispondenze relative", non "associazioni assolute".

Non sto dicendo che l'incoerenza intrinseca tra le "informazioni che entrano dall'esterno" e le "informazioni che escono dall'interno" sia assoluta. È solo una possibilità basata sulle scoperte delle neuroscienze. Non significa nemmeno che tutte le nostre "percezioni" siano completamente fasulle e debbano essere ignorate. Non è detto che lo siano. Anche se non c'è una connessione intrinseca tra le due cose, c'è comunque un'"utilità" per la percezione che si crea collegando le due informazioni. Questa utilità è ciò che ha creato e sostenuto la civiltà umana e permette agli individui di vivere giorno per giorno, momento per momento.

Può essere molto utile notare che i nostri processi percettivi, che danno per scontata la connessione tra informazioni esterne e interne, non sono così assoluti.

Tra l'altro, la possibilità che le percezioni non siano assolute rende più facile vedere e correggere gli errori che possono derivare dal rendere assolute le false percezioni. Non è esagerato affermare che gran parte della sofferenza e dell'angoscia vissuta da individui e gruppi è dovuta all'incapacità o alla mancata volontà di ammettere la possibilità che le proprie percezioni possano essere sbagliate. È la percezione che è sbagliata, non io, ma noi cadiamo in questo errore perché ci identifichiamo con la percezione e assolutizziamo il risultato della percezione.

È possibile dare una nuova interpretazione del fenomeno della proiezione, che è ciò di cui parlavamo inizialmente. La proiezione a cui ci riferiamo è molto più ampia, non solo quella negativa che inviamo all'esterno per negare gli aspetti oscuri di noi stessi, ma letteralmente "tutte le percezioni" che proiettiamo dall'interno verso l'esterno. E come abbiamo visto in precedenza, le proiezioni che facciamo sugli oggetti esterni possono non avere alcun legame diretto con l'oggetto esterno. È solo percepito come tale da noi.

Quando ci liberiamo dalla connessione assoluta tra oggetti esterni e percezioni interne, non dobbiamo affidarci incondizionatamente alle nostre proiezioni sugli oggetti esterni. Possiamo collegarle quando sono utili e scollegarle quando non lo sono. In conclusione, possiamo essere liberi come siamo dalle nostre e altrui proiezioni.

◆◆◆

Sintesi

Questo articolo amplia la nostra comprensione della proiezione. Sulla base delle ricerche delle neuroscienze, suggerisce che potrebbe non esserci una connessione intrinseca tra le informazioni esterne e la proiezione interna. Il riconoscimento che i nostri processi cognitivi non sono assoluti ci aiuta a individuare e correggere gli errori. Ci permette di interpretare la proiezione in un senso più ampio e ci dà maggiore libertà di lavorare con la proiezione allontanandoci dalla connessione assoluta tra oggetti esterni e percezioni interne.

2.6 Superiamo la proiezione comprendendo la sua bipolarità

: Disimparare la distinzione "bianco e nero" nelle nostre percezioni

In un certo senso, tutte le teorie della proiezione esistenti riguardano fenomeni consequenziali. Non è che siano sbagliate o insufficienti, è solo che questo è il punto di osservazione. C'è un fenomeno di coscienza, che poi viene saltato e si nota il fenomeno o il risultato successivo. Ciò significa che esiste un fenomeno di coscienza che fa da sfondo al fenomeno di proiezione che ne deriva.

La teoria tradizionale della proiezione ha senso per certi versi, ma è anche un po' strana per altri. Per esempio, diciamo che disprezzo il comportamento di qualcuno. Come abbiamo visto, ci sono due livelli di coscienza. In primo luogo, sento o percepisco dentro di me un aspetto del comportamento che non mi piace e, in secondo luogo, lo proietto su un oggetto esterno.

Ora, c'è un "fenomeno di base" che provoca queste due cose.

Si chiama "discriminazione a coppie". Per semplicità, potremmo chiamarla "discriminazione bianco-nero".

Per esempio, supponiamo di vedere il "nero" all'esterno e, per percepirlo come tale, dobbiamo avere dentro di noi la percezione opposta del "bianco". Queste due percezioni di colore sono già state stabilite in passato. Se guardiamo il nero all'esterno senza la percezione del bianco dentro di noi, possiamo avere un'idea di esso, ma non lo percepiamo come "nero". Forse la prima volta che abbiamo visto il bianco da bambini, non lo abbiamo percepito come "bianco", ma come una certa "sensazione". Questo vale per tutte le nostre sensazioni fisiche degli oggetti, non solo per il colore. Non c'è il concetto di "che cos'è", ma solo la sensazione di "oh, c'è qualcosa".

Poi, man mano che si acquisisce familiarità con il "bianco" e il "nero" e si impara che sono rispettivamente il "contrario del nero" e il "contrario del bianco", si ha il pieno contrasto sensoriale e concettuale del bianco e del nero.

Una volta che abbiamo la percezione della distinzione "bianco-nero" e vi aggiungiamo un concetto, iniziamo a vedere il nero come se fosse intrinsecamente "nero" e il bianco come se fosse intrinsecamente "bianco". Lo sentiamo e lo crediamo vero e assoluto.

A rigore, si tratta di una sorta di "interpretazione a posteriori", perché c'è stato un momento in cui avete visto per la prima volta il "nero" e il "bianco" e non li avete sentiti o percepiti come li percepite ora. Non è il bianco e il nero in sé, sono solo le impostazioni e i nomi che gli diamo.

Che lo percepiamo come nero o meno, "l'oggetto" è esistito e continua a esistere. Anche ora, mentre leggete, se guardate qualcosa di nero davanti a voi, come avete fatto nel primo momento, se non lo guardate come nero in contrasto con la sensazione di "bianco", non è più percepito come nero come lo conosciamo. E nemmeno la sensazione che si prova.

(La sensazione non cambia subito. Le sensazioni esistenti nel cervello e nella coscienza si modificano con la ripetizione e l'allenamento. Ma la "percezione" può cambiare immediatamente, indipendentemente da come ci si sente. Per esempio, se vi svegliate da un pisolino a casa durante il giorno di vacanza, vi guardate intorno al buio e pensate che sia la mattina dopo, finché qualcuno della famiglia non vi dice che vi siete appena svegliati da un pisolino. La vostra "percezione" di "mattina seguente" cambia in "sera stessa" in un tempo molto breve. Allo stesso modo, come esperimento di pensiero, potete provare a guardare qualcosa di nero o di un altro colore davanti a voi senza la percezione del "nero". Se vi sembra anche solo leggermente estraneo, ci siete riusciti. È un po' come quando improvvisamente non si ricorda il nome di qualcosa che si conosce bene e si rimane momentaneamente stupefatti).

Nel mondo esistono molte "percezioni di oggetti" di questo tipo. Molte di esse non sono necessariamente contrastanti, come il bianco e il nero. Ma in tutti i casi, quando si scende nei dettagli, si può vedere che le percezioni sono costruite su una struttura simile. Distinguiamo i diversi colori perché quando vediamo un colore, abbiamo anche la percezione degli altri colori. Lo stesso vale per tutti i tipi di sensazioni fisiche, come la consistenza.

La percezione di oggetti più astratti si espande allo stesso modo. Non è necessariamente la contrapposizione di due polarità, ma l'intreccio di concetti di coppia già stabiliti che crea una percezione sempre più complessa delle distinzioni. È simile al modo in cui, nella filosofia orientale, il polo primordiale diventa yin e yang, e questo continua a estendersi alle Quattro Nobili Verità, all'Ottuplice Sentiero e alle Sedici Nobili Verità.

La parte di questo che è necessaria per comprendere la proiezione è la prima "percezione contrastante" che si verifica, la cosiddetta "percezione della distinzione bianco-nero". Se sto proiettando la "vigliaccheria" su qualcosa di esterno a me, contemporaneamente nasce in me un senso di "rettitudine". La percezione di "vigliaccheria" è una percezione di "vigliaccheria" che sorge dentro di me indipendentemente dall'oggetto esterno e, quando sorge, è sostenuta dalla percezione di "rettitudine" dentro di me, proprio come la percezione del nero è sostenuta dalla percezione del bianco.

Nella diade "viltà-giustizia" o percezione diadica, accetto la rettitudine ma non la viltà. Sono "una con due polarità" che nascono, si muovono e passano come una sola, indivisibile, come i poli di una calamita, ma noi cerchiamo di riconoscere solo una polarità come se fosse possibile. Sono essenzialmente uguali, ma ne etichettiamo artificialmente una come buona e una come cattiva, per poi rifiutarne una e accettare l'altra.

Voglio mantenere la "rettitudine" che mi piace e scartare la "viltà". La polarità negativa che viene scartata è latente e quando appare un oggetto plausibile all'esterno, viene proiettata su di lui. Così lui diventa il "codardo" e io il "giusto", e disprezzo e non sopporto la sua codardia, sentendomi sicuro. Ora mi sento sicuro.

Tutto questo processo è tecnicamente un'illusione e un'immaginazione della nostra coscienza. La vigliaccheria e la rettitudine non sono separate, ma una coppia simultanea. Sono come due fratelli gemelli uniti. Hanno polarità diverse, ma sono indivisibili. Sorgono insieme e cadono insieme. Dobbiamo chiarire questo concetto. Dobbiamo renderci conto che questa non è solo una teoria, ma è il modo in cui funzionano i nostri processi cognitivi.

Una volta riconosciuto, seguirà una serie di "processi successivi". Questo può essere il modo più fondamentale per risolvere la proiezione negativa verso gli altri e il mondo esterno. Si tratta di vedere entrambi i lati della proiezione e di andare oltre.

Questo non significa che il modello sia assoluto. I processi e le strutture della coscienza e della cognizione umana non sono così chiari come quelli della matematica e della fisica. Fortunatamente, i recenti progressi nella ricerca sulle neuroscienze hanno permesso di delucidare i dettagli della scienza cognitiva in modo più concreto, utilizzando meccanismi neurofisiologici per spiegare la struttura, la natura e la natura della coscienza e della cognizione umana. Dovremmo utilizzare i risultati della ricerca e delle scoperte a nostro vantaggio.

Il fatto che le neuroscienze, la psicologia, la filosofia e altre discipline non le abbiano identificate o spiegate non significa che non siamo consapevoli della nostra coscienza e consapevolezza. La coscienza e la consapevolezza non sono fenomeni separati da noi; anzi, noi ne siamo sia la causa che l'effetto. Sono ciò che sono.

La più utile a questo proposito è "l'osservazione e l'intuizione esperienziale". Si tratta dell'osservazione ravvicinata e dell'intuizione di ciò che stiamo vivendo come partecipanti ai fenomeni di coscienza e consapevolezza. Naturalmente, il processo, il contenuto e le conclusioni variano da persona a persona, ma possiamo parlare tra noi e trarre elementi comuni. Perché i fenomeni della coscienza e della consapevolezza sono esperienze comuni, esperienze che tutti noi facciamo.

E ora, l'ultimo.

In che modo cose come la "percezione del bianco e del nero" o la "percezione della codardia e della rettitudine" e i suoi concetti di dualità, duplicità e consapevolezza duale sono utili per risolvere la proiezione negativa? Che cosa possiamo fare quando la nostra proiezione negativa nei confronti di qualcuno ci sta rendendo le cose difficili, le sta rendendo difficili a loro, sta causando problemi nella nostra relazione e vogliamo impedire che si aggravi?

Si tratta di riconoscere con chiarezza la "polarità della proiezione". E che si tratta, in fondo, di un'impostazione.

Per esempio, quando sentite la vigliaccheria in un avversario, riconoscete che la sentite in voi stessi e che deriva dal vostro senso di rettitudine, e quando sentite che non avete bisogno di proiettarla all'esterno, guardate l'avversario con il vostro senso di rettitudine e di vigliaccheria. Non è che non dovreste sentirlo, è che dovreste sentirlo ma cercare di ignorarlo. Poi, mentre guardate l'altra persona, notate cosa succede a voi. In breve, si tratta di ignorare i propri sentimenti di rettitudine e codardia e di guardare e sentire l'altra persona.

Se questo sforzo ha successo, l'avversario non si sentirà più vigliacco o, se lo fa, la sensazione svanirà. Questo non significa che dobbiate forzarvi a sentire o a pensare che l'altra persona non è vigliacca, perché questo fallirà. Come quando si dice: "Non pensare a una banana", non si può fare a meno di pensare a una banana, così per quanto vi sforziate di pensare: "Non è vigliacco", la distinzione di "vigliaccheria" è ancora presente e il sentimento sottostante di "vigliaccheria-giustizia" in voi è ancora presente. Questo è anche il punto in cui le persone commettono il maggior numero di errori nell'elaborazione delle emozioni, nella gestione delle emozioni e nei problemi emotivi. Quindi, che si tratti di un problema di proiezione o di un problema emotivo, la vera soluzione è risolvere il problema della codardia e della rettitudine. Si tratta di identificare e risolvere il problema della bipolarità, della dualità e della doppia consapevolezza.

C'è un'altra avvertenza. Non è possibile cancellare o eliminare completamente questa "vigliaccheria". Non è nemmeno possibile, e se cercate di forzarla, diventerà solo un meccanismo di repressione, inibizione, evitamento e ignoranza. Potete pensare di esservi liberati della proiezione negativa, ma è ancora alla base della vostra coscienza e continua a influenzarvi. Potete pensare di esservi liberati della proiezione negativa, ma è ancora alla base della vostra coscienza e continua a influenzarvi.

Non si tratta di cancellarlo, di liberarsene o di far finta che non esista, ma di notare questa struttura e questo processo originali. Si tratta di notare. In modo corretto. Più chiaramente si nota, meno potere ha la proiezione. Ne diventate sempre più liberi. Non siete liberi perché non c'è più, ma perché non vi interessa che ci sia. Perché sapete che cos'è, che cos'è.

Ancora una volta, riconosciamo e distinguiamo sia il "bianco-nero" che la "viltà-giustizia", ma ne facciamo buon uso solo per necessità. Non devo fare nulla con il nero o la viltà. E quando non è necessario, inutile o causa di sofferenza, si distingue ancora, ma non ci si attacca eccessivamente. Questo è anche il principio che si applica alla frase comune: "Va bene stare bene, e va bene non stare bene". C'è una grande differenza tra conoscere questo principio e non conoscerlo.

◆◆◆

Sintesi

Questo articolo spiega come trascendere la proiezione attraverso la comprensione della polarità della proiezione. Le nostre percezioni sono costituite da coppie di concetti contrastanti, il che viene descritto come "percezione in bianco e nero". Per risolvere le proiezioni negative, dobbiamo riconoscere questa polarità e renderci conto che è solo una montatura. L'obiettivo non è eliminare completamente queste coppie, ma diventare più consapevoli della loro struttura e del loro processo e utilizzarle secondo le necessità.

Capitolo 3 L'"io" non è determinato dal contenuto

3.1 L'identità è una sensazione, non un contenuto

: La natura dell'identità dell'Io

Quando osserviamo una persona, di solito guardiamo al suo "contenuto": chi è, cosa fa, qual è il suo passato, quali risultati ha ottenuto, se è uno studente, dove ha studiato e se è bravo o meno nello studio, se è un impiegato, per quale azienda lavora e quanto guadagna, se è un artista, quali opere ha creato e quali premi ha vinto, se è un accademico, quali teorie ha sviluppato e quali ricerche è riuscito a fare.

Tutti i tentativi di determinare l'identità di qualcuno in base al contenuto falliscono.

Perché la vera identità di una persona è irrilevante. Ciò che ha fatto e chi è ora è secondario. È da qui che derivano molti problemi di autoidentità, autoefficacia, fiducia in se stessi e autostima. Si tratta di un tentativo di definire l'identità di una persona in base al contenuto, quando non può essere determinata dal contenuto. Due dei "contenuti" più comuni dell'identità sono "chi sono" e "cosa sto facendo". Il confronto che ci affligge nasce anche da queste due cose. Se l'identità è determinata dal contenuto della propria vita, è come se un attore cercasse di definire il senso della propria esistenza nella vita reale fuori dal palcoscenico attraverso il ruolo che interpreta. Il risultato è lo stesso, sia che ci si veda cattivi o buoni. Io non sono definito da "chi" sono o da "cosa" faccio. Li uso e li sfrutto, ma sono totalmente presente a prescindere da essi.

L'identità è più un sentimento che un contenuto. Di che tipo di sentimento stiamo parlando? Un sentimento incrollabile, incrollabile di essere forti, dignitosi e orgogliosi di se stessi. È una sensazione di essere forti e orgogliosi così come si è, anche se non si ha nulla, anche se non si è fatto nulla, anche se non si è forti e orgogliosi. Una parte dell'identità può essere riempita o espressa da ciò che ha, ma l'essenza è questo "sentimento, realizzazione".

La cosa più importante che dobbiamo trasmettere ai bambini della scuola materna ed elementare è l'"autostima incondizionata". Non si tratta di essere bravi in qualcosa, di avere di più o di vincere una gara, ma di una sensazione naturale di essere bravi indipendentemente dal fatto che si abbiano o meno queste cose. È incondizionata.

L'autostima condizionata, e tutto ciò che la insegna, la inculca e la scatena, è il nostro più grande nemico. Un'autostima dignitosa e non condizionata è la sana "identità di sé" che tutti dovrebbero cercare. Non qualcosa di nuovo, ma ciò che si è e si è sempre stati.

Ancora una volta, l'identità non è un "contenuto condizionato", ma una "consapevolezza cognitiva dell'autorità dell'interezza incondizionata" e un "sentimento di sicurezza e autorità basato su di essa". Le condizioni e i contenuti sono solo secondari. Siate disposti ad accogliere e utilizzare tutto ciò che vi circonda, ma indipendentemente da esso, con o senza contenuti, o anche con tutti i contenuti messi da parte, siete fiduciosamente e naturalmente presenti, una sensazione di "essere", un senso di attualità. Questa è l'identità e la presenza più fondamentale.

Non si tratta di qualcosa di nuovo o di aggiunto. Ma siamo caduti in uno strano schema di utilizzo dei contenuti accumulati della nostra vita per definire chi siamo e quanto valiamo. Poiché abbiamo vissuto in questa illusione per così tanto tempo, e poiché la società e la cultura ce la impongono, dobbiamo deliberatamente riportare la mente alla nostra vera identità per liberarcene. Una volta che l'avrete fatto e l'avrete notato con chiarezza, vi verrà naturale.

- La mia identità non è me, io sono il proprietario della mia identità.

Una falsa credenza che spesso diamo per scontata è l'idea inconscia che l'esistenza richieda una ragione. È una strana convinzione che qualcuno debba soddisfare ragioni e condizioni per essere riconosciuto come persona. La maggior parte di noi lo crede incondizionatamente e acriticamente. Ma non è così. Non abbiamo bisogno di una ragione per esistere. Se cerchiamo una ragione o una giustificazione per la nostra esistenza nel contenuto della nostra vita, diventa un gioco senza fine, un problema senza risposta. Questo "contenuto" è un insieme di impostazioni che noi, gli altri e il mondo ci impongono.

Il fatto stesso che voi esistiate ora è la prova che tutte le ragioni e le condizioni della vostra esistenza sono già state soddisfatte. Se non ci fossero abbastanza condizioni e ragioni, né voi né io esisteremmo. Avete bisogno di ritrovare questa sensazione interiore di "forza e fiducia incondizionata" che deriva dalla consapevolezza di questo. Una presenza che avevate già alla nascita e che avete ancora, ma che è stata oscurata dalle strane condizioni e regole imposte dal mondo, dagli altri e da voi stessi.

Non c'è bisogno di cercare un me migliore, un me più completo, un me più vibrante, un me più maturo. Dovete solo vedere chiaramente e lasciar andare tutto il "non me" che siete, tutto il "me negativo e passivo" che il mondo, gli altri e voi stessi vi hanno imposto da quando siete nati, che è solo una cornice temporanea, una limitazione infondata, una restrizione inconsistente. Lasciate perdere. Ignoratele. È lo stesso modo in cui l'ombra scompare da sola in presenza della luce. Niente può definirmi se io, il maestro, non glielo permetto.

Dovete avere questa mentalità ben presente. Perché è così. Poi, quando il "non me" è scomparso, sentiamo, abbracciamo e accettiamo il "me" che è sempre lì. Per dirla in una frase.

"Sono già abbastanza bravo così come sono".
"Sono già sicura di me stessa così come sono".
"Sono già orgoglioso di me stesso per come sono".
"Sono già bella così come sono".

Anche le identità di altre persone possono essere percepite in questo modo. Ad esempio, le parole più curative che un genitore può dare a un figlio sono le seguenti

"Ti sostengo e ti amo così come sei, qualunque cosa tu faccia".
"Se avrai più successo e realizzazione, sarò orgoglioso di te per questo, ma se non lo avrai, sarò comunque orgoglioso di te".
"Qualunque cosa decidiate di fare, vi sosterrò".

Perché è così che è. Non si tratta di crederci, ma di accorgersene. Dare ai bambini questo sano senso di sé e di identità dovrebbe essere l'obiettivo primario di ogni famiglia, scuola o società. Il "contenuto" è uno strumento secondario. Ad esempio, è perfettamente accettabile utilizzare il "contenuto" delle caratteristiche personali, dei punti di forza, degli aspetti, ecc. di un individuo per stabilire un sano senso di unicità e identità e per aumentare l'autostima, il rispetto di sé, la soddisfazione di sé, la fiducia in se stessi, ecc.

Tuttavia, ciò che viene costruito in questo modo non è una vera identità, ma piuttosto un piccolo senso di "personalità, individualità". Questa strategia di usare l'individualità e la personalità come valore unico di identità e di esistenza è fondamentalmente limitata e può avere i suoi effetti collaterali. Si basa su qualcosa di volatile ed effimero. Per quanto si cerchi di espanderla, l'individualità determinata dal contenuto non può sfuggire al destino di "limitata, limitata" in sé. Accettarlo o meno è una questione di libera scelta, ma se non ce ne accorgiamo, possiamo arrivare a considerarlo come la totalità della nostra identità, senza lasciare spazio ad altro.

L'identità è qualcosa che va oltre, che non ha nulla a che fare con "concetti, conoscenza, impostazione o discernimento". Pertanto, se c'è una sola cosa che ogni essere umano può assumere come identità, è l'identità della non-definizione. La parola "non-limite" è anche la parola "infinito" o "infinite", che significa "infinito". È infinito nel senso che non ha nulla a che fare con la cornice concettuale del finito e dell'infinito, ed è al di là di essi. Quindi è infinito nel senso che non è limitato dal concetto di finito o di infinito.

Questo non significa che non ho un'identità? Certo che no. Significa che la mia identità non è me, ma sono io il proprietario della mia identità. Sono un essere che è sia dentro che al di là di tutte le identità. Da una base chiara di "identità non definita" o al di là di tutte le identità, posso liberamente prendere, usare e lasciare andare l'identità di cui ho bisogno in qualsiasi momento.

Una cosa è usare le condizioni quando si infrange l'"argomento dell'esistenza incondizionata", un'altra è usare le condizioni quando si cade nella trappola di assumere che l'esistenza richieda naturalmente alcune condizioni. Per esempio, consideriamo due persone che sono socialmente condizionate in modo simile e che svolgono attività simili. Se una non dipende dalle sue azioni e condizioni per la sua esistenza e validità, e l'altra ne dipende ancora, stanno vivendo vite completamente diverse. Ora dovete notare la differenza.

La nostra esistenza non richiede condizioni.
Non ci sono condizioni, basta farne buon uso secondo le necessità.
Senza fare affidamento su alcun ricordo interiorizzato,
senza basarsi su risultati o fallimenti esterni.
Possiamo esistere come noi stessi.
E si fa quello che si deve fare.

◆◆◆

Sintesi

L'identità è un sentimento, non un contenuto. La vera identità deriva dall'autostima incondizionata e da un solido senso di sé. La nostra esistenza non ha bisogno di una ragione o di una condizione. Siamo già sufficienti così come siamo e valiamo a prescindere dal nostro comportamento o dai nostri risultati. L'identità non è limitata e noi siamo i padroni della nostra identità. Le condizioni sono solo strumenti che utilizziamo in base alle necessità.

3.2 Essere una creatura che vive secondo un copione o diventare l'autore che crea il copione?

: Liberarsi dagli scenari negativi imposti in passato dai genitori e dalla società

Esistono due tipi principali di problemi psicologici che le persone affrontano nella vita: quelli emotivi e quelli cognitivi. I disturbi emotivi sono le conseguenze emotive di un evento spiacevole, triste o traumatico del passato che permane nella mente e viene improvvisamente riproposto nella nostra vita quotidiana, influenzandoci negativamente. In questo caso, non si tratta solo di un problema emotivo, ma anche fisico.

Mentre i disturbi emotivi sono "disturbi emozionali", i disturbi cognitivi sono "disturbi del pensiero" o "disturbi della comprensione". Possono essere errori puramente cognitivi di per sé, ma il più delle volte sono accompagnati dagli impatti emotivi e sensoriali di cui abbiamo parlato in precedenza. In breve, si tratta di una lotta con il "pensiero sbagliato". Spesso non riusciamo a vedere o a correggere oggettivamente i nostri pensieri quando sono sbagliati, perché non li vediamo come "solo pensieri" e li identifichiamo con "noi stessi".

Il disturbo cognitivo viene qui descritto come "disturbo da scenario", ovvero un disturbo causato da un "falso scenario" di tutte le relazioni umane e di come funziona il mondo. Il disturbo da scenario è un concetto utilizzato in alcune psicologie convenzionali e si ritiene che inizi intorno ai 7-11 anni, che è all'incirca l'età della scuola elementare in Corea (e può continuare a verificarsi anche dopo). Quali sono i maggiori cambiamenti che avvengono nei bambini (e in noi stessi) durante questo periodo?

La prima è l'"influenza linguistica". A partire da questo periodo, le persone sono governate da copioni, o "regole linguistiche" che ne prescrivono il comportamento o i ruoli. A differenza di prima, quando le attività linguistiche erano meno sofisticate, in questa fase le influenze linguistiche sono molto "concrete" e "operative", consentendo di ragionare in modo operativo secondo regole diverse. Un buon esempio è la capacità di comprendere i vari concetti della matematica o le regole sociali.

Un altro cambiamento è la capacità di vedere e svolgere un ruolo nel mondo dalla prospettiva degli altri. L'attenzione cosciente, che prima era concentrata sul proprio io, comincia a essere diretta verso l'esterno: iniziamo a vedere le altre persone e il mondo, e diventiamo parte di un mondo che ritorna a uno scenario regolare o prestabilito.

Man mano che incontrate e accettate gli "scenari esterni", iniziate a creare i vostri scenari sul mondo, la vostra comprensione del mondo. Gli scenari ben formati sono molto utili. Si può reagire più facilmente alle situazioni e relazionarsi con le persone in modo più efficace quando si dispone già di un buon scenario.

Il problema è quando gli scenari vengono creati in modo errato o utilizzati in modo scorretto. Questi casi vengono definiti collettivamente "fallimenti dello scenario".

- Miti negativi dall'esterno

Gli scenari che accettiamo alle elementari provengono dai nostri genitori e dalla società e non sono tutti "la verità". In un certo senso, sono solo "miti" che sono solo o esterni ai genitori. Gli scenari sono anche creati da loro. Proprio come li inventerei io.

Senza la capacità di giudicare e modificare, i bambini accettano acriticamente tutti questi scenari e noi li accettiamo come "fatto o verità assoluta", anche se sono solo miti o scenari. Con l'avanzare dell'età e l'esperienza, possiamo modificare, scartare o evolvere gli scenari che abbiamo accettato, ma non è raro che diventino "il mio scenario assoluto".

E quando quelli che crediamo essere i "fatti corretti del mondo" sono gli "scenari sbagliati" dei nostri genitori, di certe persone o della società, tanto più è doloroso per noi, soprattutto se le distorsioni e gli errori sono gravi.

L'esempio più comune è quello dei bambini cresciuti con una forte influenza negativa da parte dei genitori. I falsi scenari dei genitori continuano ad alimentare in loro l'immagine di essere brutti, cattivi, non abbastanza bravi, pigri, che non sarebbero mai dovuti nascere, che non saranno mai abbastanza bravi, ecc. Il loro comportamento è costantemente oggetto di reazioni negative. Vengono alimentati con un'interpretazione e una visione distorta del mondo.

A volte il bambino si adegua, a volte si ribella, ma in ogni caso gli scenari entrano nella sua coscienza e vengono effettivamente "appresi". Ciò è dovuto alla già citata non giudicabilità. Perché non c'è alcun potere cosciente per fermarlo. È il momento di accettarlo. Anche i bambini che non amano gli scenari raccontati dai genitori iniziano a crederci senza rendersene conto. È una situazione dolorosa, perché anche se consapevolmente non ci piace e la rifiutiamo, inconsapevolmente ne veniamo assorbiti e coinvolti. È una sorta di contraddizione.

Non solo i genitori, ma anche gli insegnanti, gli altri adulti e i coetanei possono giocare un ruolo negativo. Di solito si tratta di uno stimolo intenso o a lungo termine, ma a volte si tratta di uno scenario negativo lanciato di sfuggita che rimane impresso per il resto della vita. Vi è mai capitato?

Non solo le persone, ma anche le società e le culture giocano un ruolo nell'instillare scenari negativi e distorti. Può trattarsi di un'usanza collettiva o sociale, di una dottrina religiosa o di una mentalità specifica di quel tempo e di quel luogo. Questo include tutti i tipi di pregiudizi, discriminazioni, odio e costumi irrazionali e irrazionali che esistono in una società. Ad esempio, la società coreana ha il suo scenario di fallacia collettiva. Queste includono una cultura ossessionata dall'età, una cultura militare pervasiva, una forte discriminazione di genere, un'eccessiva ingerenza nella vita degli individui e un senso di discriminazione nei confronti delle minoranze sociali come le persone con disabilità e le minoranze sessuali. Questi aspetti non sono unici nella Corea del Sud. Ogni società ha i suoi scenari immaturi e maturi, a seconda del suo livello di sviluppo.

- Miti negativi che creiamo per noi stessi

Sulla base di quello scenario accettato acriticamente, ora creiamo il nostro scenario di patologia. Questo include tutte le immagini negative o errate di sé, le visioni del mondo, i valori e i giudizi situazionali che "possediamo" da bambini e da adulti. All'inizio era qualcosa di esterno, ma a un certo punto è diventato "mio".

Se il mio scenario sembra sbagliato, posso correggerlo o lasciarlo andare. In pratica, troppo spesso ci aggrappiamo ad essi invece di lasciarli andare. Le ragioni sono due. Una è la convinzione che "il mio scenario deve essere giusto perché l'ho creato al meglio delle mie capacità". L'altra è l'identificazione con "il mio scenario è me", il che significa che negare lo scenario significa negare me, e commettiamo l'errore di difendere lo scenario sbagliato per difendere "me". Anche se in realtà vi sta facendo male, non vi sta proteggendo.

Per esempio, c'è una persona che vede solo se stessa o il mondo in una luce negativa. Un amico o un conoscente cerca di aiutarlo perché sta lottando con questo problema. Cercano di dargli uno scenario più desiderabile, come "sei una persona fantastica" o "questa situazione va bene in questo modo", ma lui si rifiuta di accettarlo e lo nega.

È strano pensarlo come senso comune, ma ha senso quando si capisce come funziona: è uno scenario negativo che vi preoccupa, ma vi identificate con esso perché è già diventato "il vostro scenario", e vi ci attenete perché è "giusto"; non è davvero giusto, è solo "familiare", e pensate che sia giusto perché "la familiarità lo rende giusto". In realtà non è giusto, è solo familiare, ma voi pensate che lo sia a causa della fallacia del "la familiarità lo rende giusto".

Abbiamo bisogno di scenari, buoni o cattivi che siano, perché dobbiamo vivere nel mondo basandoci in qualche modo sui nostri scenari. Quindi, a meno che non si passi a uno scenario diverso, si rimane bloccati con quello che si ha, non perché sia accurato o buono, ma perché si ha comunque bisogno di uno scenario, ed è così che si vede se stessi e il mondo.

Ma in sostanza, possiamo esistere benissimo con o senza un determinato scenario; gli scenari sono uno strumento, ma non determinano la nostra esistenza.

- Lo scenario non è "io

Non è che i fallimenti di scenario della patologia siano intrinsecamente diversi dai fallimenti di scenario della vita quotidiana. La differenza sta nel "grado": se la variazione, l'errore o l'illusione è più grave di un certo punto, diventa un disturbo patologico, altrimenti è solo un piccolo disturbo quotidiano. Anche se non si tratta di una patologia, spesso abbiamo delle difficoltà. Piccoli errori nel nostro comportamento, piccoli conflitti nei nostri matrimoni, nelle nostre famiglie, nei nostri colleghi e nella nostra vita sociale. Non esiste comunque uno scenario perfetto. Vivere con la consapevolezza e l'accettazione della nostra fallibilità è la chiave per vivere una vita più flessibile e arricchente.

Tuttavia, se l'errore è troppo grande, dovete affrontarlo perché vi sta facendo soffrire. Se vi attenete al vostro falso scenario, potete ottenere una sicurezza e una soddisfazione psicologica immediata, ma alla fine soffrite e perdete. Le relazioni e le situazioni diventano difficili e inefficaci. Quindi, per il vostro bene, per il vostro vantaggio e per nessun altro, dovete risolvere al meglio i problemi che derivano dal vostro falso scenario. Quali pensieri e metodi vi aiuteranno? Organizzare i punti precedenti vi aiuterà.

Innanzitutto, uno scenario è uno scenario. Non è "assolutamente vero", ma non è nemmeno "finzione". Non importa se è un fatto o una finzione. Sono solo scenari. Gli scenari sono strumenti che creiamo e utilizziamo per rendere la nostra vita più utile ed efficiente. Il nostro compito non è creare o meno scenari, ma crearli bene e usarli bene. Non sono io a vivere secondo lo scenario. Sono colui che crea e corregge gli scenari.

In secondo luogo, non mi identifico con lo scenario. Il mio scenario del mondo è la mia unica "interpretazione" di come mi relaziono con gli altri e di come funziona il mondo. Solo perché l'ho creato e lo possiedo, non lo rende "me". Non siamo esseri insignificanti limitati o definiti dai nostri scenari; siamo esseri che li abbracciano e sono al di là di essi. Cercare di equiparare me a uno scenario è come cercare di equiparare il mondo intero a un libro. È inefficace e sciocco.

Riconoscete gli scenari per quello che sono, ma non identificatevi con essi. Non considerarli come "tutto" e non considerarli come "mai".

Terzo, distinguere tra scenari di miti esterni iniettati. Gli scenari interni alla mia persona sono degni di considerazione. Cerco di non assolutizzarli, per non parlare degli scenari imposti dall'esterno. Non è la "loro mitologia". Perché dovrei essere influenzato e intrappolato dalla mitologia altrui, non devo esserlo. Lasciateli vivere nei loro miti, sono affari loro. E io? Non devo entrare nei miti e negli scenari degli altri e del mondo che non sono necessari. Naturalmente, nella nostra vita sociale e nelle nostre relazioni, ci sono momenti in cui non possiamo fare a meno di rispondere o di relazionarci con gli scenari ridicoli degli altri e della società. Anche se li assecondiamo fino a un certo punto, non dobbiamo riconoscerli o accettarli pienamente nel nostro cuore.

Quarto, continuate a scartare ciò che deve essere scartato e a rivedere ciò che deve essere rivisto, non solo gli scenari degli altri, ma anche i vostri scenari mitici. Per il vostro bene. È così che è stato creato il primo scenario. Il fatto che sia stato creato per primo non lo rende più assoluto, più accurato o più importante, significa solo che è stato creato "per primo, all'inizio". Consideriamo automaticamente qualcuno più prezioso, più importante o più importante di qualcun altro solo perché lo abbiamo incontrato per primo? No, è ridicolo. Lo stesso vale per gli scenari.

Ci sono molti altri modi per risolvere lo scenario della patologia. Ognuno di noi può trovare soluzioni diverse e migliori in base alla propria saggezza. Quindi usiamole anche noi. Cosa non si può fare? Non c'è nulla da non fare. Quindi usiamo e continuiamo a creare scenari di vita più flessibili e maturi. L'importante è la mia felicità. E più scenari accurati, precisi e maturi creo e uso, più felici saranno gli altri e il mondo.

◆◆◆

Sintesi

Da bambini, siamo influenzati dagli scenari negativi che riceviamo dai nostri genitori e dalla società. Questi scenari modellano la nostra immagine di sé e la nostra visione del mondo, ma non sono necessariamente la verità. Sono solo strumenti, non definiscono chi siamo. Per vivere una vita sana, dobbiamo essere in grado di riconoscere questi scenari, non identificarci con essi e modificarli o scartarli a seconda delle necessità. Siamo noi i creatori e i proprietari dei nostri scenari e possiamo creare scenari di vita più flessibili e maturi.

3.3 Perché abbiamo bisogno del riconoscimento degli altri e del mondo?

: Abbandono delle valutazioni esterne

Noi esseri umani ci sentiamo costantemente inadeguati, ma anche orgogliosi e soddisfatti di noi stessi. Il sentimento di inadeguatezza spesso prevale o annulla il sentimento di soddisfazione, ma c'è anche una parte di noi che dice: "Almeno ho fatto del mio meglio, ho fatto quello che potevo, sto facendo qualcosa di giusto e voglio che mi venga riconosciuto! Non si tratta di un sentimento sbagliato o debole, ma di un sentimento molto naturale e sano. È la base dell'orgoglio e di una sana autostima, purché non sfoci nell'orgoglio, nella coercizione o nell'avidità.

È bello poter dire a se stessi: "Ho fatto un buon lavoro, sto bene", ma molte persone non sono soddisfatte di questo e vogliono essere convalidate dagli altri. È naturale e salutare voler essere confermati. È naturale e sano anche perché non siamo completamente separati.

Anche qui c'è una struttura nascosta. Il motivo fondamentale per cui vogliamo essere accettati dagli altri è che possiamo accettare noi stessi. Diventa un veicolo di autoapprovazione.

È comprensibile. Ma è molto inefficiente. Abbiamo bisogno dell'approvazione degli altri per essere soddisfatti e accettarci. Poiché non possiamo sempre ottenere l'approvazione degli altri, prendiamo una scorciatoia. Il risultato dell'auto-riconoscimento attraverso il riconoscimento esterno è lo stesso di quello dell'auto-riconoscimento immediato. Ma soprattutto, chi sono questi "altri e il mondo" da cui dipendete in modo così assoluto e da cui volete essere riconosciuti? Sono forse degli dei o degli assoluti? No, sono proprio come voi e me.

Diamo agli altri e al mondo solo il ruolo che meritano. Naturalmente con amore e rispetto reciproci. È sufficiente. Non c'è bisogno di dare loro troppo potere. Concentriamoci sullo scopo originario: il riconoscimento di sé.

A un certo punto, bisogna superare l'abitudine mentale di farsi accettare dal mondo esterno e dagli altri. Dobbiamo andare dritti allo scopo originario della consapevolezza di sé. Tuttavia, dovrebbe essere un riconoscimento incondizionato di sé, non condizionato.

Quando il mondo esterno e gli altri vi riconoscono per primi, siate disposti ad accettarlo e a goderne. E quando avrete bisogno del loro riconoscimento, potrete sempre creare una situazione in cui ottenerlo. Siete liberi di farlo. E se ci sono condizioni di cui gli altri o io abbiamo bisogno, posso crearle, realizzarle e incarnarle.

Soprattutto, anche se non ho queste condizioni, posso essere me stessa, fare sempre del mio meglio, essere soddisfatta, fiduciosa e vivere in modo naturale. Con questa maggiore energia e cuore, posso vivere con più fiducia e bellezza nella mia vita quotidiana.

◆◆◆

Sintesi

Spesso cerchiamo l'approvazione di noi stessi attraverso l'approvazione degli altri. Tuttavia, questo è un metodo inefficace e scoraggiante. È invece importante praticare da soli l'autoapprovazione incondizionata. Accettate l'approvazione degli altri, ma non affidatevi completamente ad essa. Possiamo accettare noi stessi e vivere con fiducia indipendentemente dalle condizioni esterne. Questa accettazione di sé porta a una vita più ricca e sicura.

3.4 Ciò che veramente temiamo non è la "decisione" ma l'"esperienza"

: Coltivare il coraggio di prendere decisioni decisive

Un numero sorprendente di persone si chiede: "Ho un disturbo da indecisione? Il problema è che la parola "disturbo" viene usata con troppa facilità e senza cautela; in realtà non si tratta affatto di un disturbo, ma solo di una difficoltà a prendere decisioni.

Tutti hanno difficoltà a prendere decisioni. È solo una questione di grado. Se ne comprendiamo le cause, possiamo cambiare noi stessi per essere più rilassati e flessibili nel momento della decisione.

- C'è una risposta giusta, una scelta giusta?

Il motivo principale dell'esitazione al momento della decisione o della scelta è la convinzione che esista un'opzione migliore, una decisione migliore. Alcune cose hanno una risposta fissa, una risposta migliore. Se esiste un'opzione migliore, bisogna cercarla ed esplorarla. Le decisioni aziendali e le scelte importanti non dovrebbero essere prese a caso. Devono essere prese con la migliore analisi, considerazione, risorse e intuizioni possibili. Questo vale soprattutto quando ci sono molte responsabilità e lavoro da svolgere. Agonizzare su queste decisioni non è indecisione, ma prudenza naturale.

Il più delle volte non sono le grandi decisioni a farci chiedere "Perché non riesco a prendere una decisione?", ma le scelte quotidiane. Quindi, la prima cosa da affrontare sono le situazioni decisionali quotidiane. Una volta che vi sarete esercitati a prendere decisioni in quest'area, sarete in grado di applicarle alle decisioni più importanti.

Che si tratti di una situazione seria o banale, alla fine dovrete scegliere tra alcune opzioni, e a volte il momento della decisione è più importante della decisione stessa. Ma cosa succede se si esita e si perde il momento della verità? Essere allenati a prendere decisioni al momento giusto è più importante di quanto si pensi. È anche lo scopo principale di questo articolo.

Dobbiamo innanzitutto dissipare l'illusione che esista una risposta, una scelta giusta o la decisione migliore. Questo non vuol dire che non dobbiamo cercarle, ma piuttosto che non dobbiamo lasciare che un'inutile ed eccessiva convinzione in esse ostacoli le nostre scelte e decisioni. Ci sono tre nuovi atteggiamenti mentali che dobbiamo adottare nella ricerca delle opzioni migliori

1. la mia scelta è la risposta
2. Sto inventando la risposta.
3. non esiste una risposta univoca.

La prima, la cornice "la mia scelta è la risposta", è una delle soluzioni più potenti. Non c'è modo di interpretarlo nel senso che potete prendere qualsiasi decisione. Ciò che significa è che dovreste sforzarvi di prendere la migliore decisione possibile, ma quando dovrete prendere una decisione lungo il percorso, non esitate o esitate, e andate con la mentalità che la vostra scelta è la risposta. E in effetti lo è.

In ogni momento di decisione, c'è un pensiero inconscio nella nostra mente che dice: "E se la mia scelta non fosse la migliore, la più alta, la migliore..."? Così siamo ansiosi ed esitiamo. Ma nessuno sa se

A, B o C è la scelta migliore finché non vede il processo e il risultato effettivo. Molte persone sono ansiose quando scelgono A, pensando: "E se fosse B o C?" e preoccupate quando scelgono B, pensando: "E se fosse A o C?

Tecnicamente, il peso dell'ansia è lo stesso indipendentemente dalla scelta fatta. "E se la mia scelta non fosse la risposta?", ci si chiede. Quindi, se il valore è lo stesso, è più efficace e utile pensare: "La mia scelta è la risposta". È utile nel momento della scelta ed è potente nel processo successivo. Quindi non c'è motivo per cui non si debba abbandonare la cornice dell'esitazione e scegliere quella della decisione.

Lo stesso vale per il secondo: "Io sono la risposta". Quando non siete più in grado di fare una scelta, o quando siete indecisi, tecnicamente state "creando la risposta". Tuttavia, finché continuate a credere vagamente che esista una "risposta intrinseca" e che quindi "devo sceglierla bene", non potete essere fermi nella vostra decisione. A meno che non si tratti di un caso davvero speciale, non esiste. Io creo la risposta e basta. È vero.

Forse starete pensando: "Come può una persona come me trovare una risposta? Non è una cosa per persone speciali, per persone perfette?" No, non esiste una persona così. No, io sono quella persona. Non c'è nessun altro che sia qualificato o abilitato a creare risposte in primo luogo. Adottate intenzionalmente la mentalità che siete voi a creare la risposta. Anche se all'inizio è imbarazzante, continuate a rafforzarla e a consolidarla in continuazione e, a un certo punto, diventerete davvero quella persona e lo farete. Naturalmente, dovrete continuare a costruire le vostre credenziali, qualifiche e competenze.

In terzo luogo, è importante ricordare che non esiste una sola risposta. Ci sono più risposte. Io ne scelgo una per necessità. Pertanto, ciò che scegliete diventa la risposta e voi create la risposta. Ancora una volta, non smettete di cercare di prendere la decisione migliore e più appropriata per la situazione. Ma nel frattempo, quando dovete davvero prendere una decisione, siate coraggiosi. La mentalità del "non c'è necessariamente una risposta giusta" è una cornice che ci permette di essere più rilassati e flessibili quando ne abbiamo bisogno. È un modo proattivo di usarla.

Come ho già detto, uno dei principali fattori psicologici che ci inducono a esitare è la sensazione di rimpianto. "Vorrei aver scelto quello invece di questo". Ma è un'illusione. State inseguendo un sogno che non si realizzerà mai. Una volta decisa una delle opzioni, l'altra è come se non ci fosse. Continuare a desiderare qualcosa che non c'è è un'illusione e non farà altro che prosciugare le vostre energie. Questo non significa che non dobbiate considerare o ignorare altre opzioni. Sto dicendo che non dovreste considerarle o ignorarle.

Ogni decisione ha i suoi pro, i suoi contro e le sue conseguenze. Naturalmente, vogliamo prendere decisioni che abbiano il minor numero possibile di lati negativi e il maggior numero possibile di lati positivi, quindi quando si tratta di affari o di questioni importanti, dovremmo fare del nostro meglio per prendere la decisione giusta. Tuttavia, che si tratti di una decisione quotidiana o di una decisione importante, è inevitabile che ci sia un compromesso: se si sceglie questo, manca quello; se si sceglie quello, manca questo.

Piuttosto, pensatela al contrario. Si tratta di guardare intenzionalmente dalla prospettiva di "se scelgo questo, sono ricco di questo, e se scelgo quello, sono ricco di quello". Non sto suggerendo di ignorare o fingere di non avere una mancanza o una carenza. Se ci sono cose che volete aggiungere o cambiare dopo aver preso una decisione, potete sempre farlo. Mi riferisco alla mentalità che portate in tavola. Se non si può tornare indietro sulla propria decisione, è ovviamente più saggio trovare e godere del meglio di ciò che si è già scelto. Dal punto di vista psicologico.

- Qualunque sia la vostra decisione, i passi successivi sono gli stessi

Fare scelte e prendere decisioni non è necessariamente la fine della storia. Piuttosto, la decisione è solo l'inizio. Una volta presa una decisione, si passa attraverso un processo. E ora siamo onesti. Non abbiamo paura di prendere decisioni o del "disturbo da indecisione". Ciò che ci spaventa davvero è il processo.

Continuiamo a sognare un processo migliore, più facile e più confortevole dopo una buona decisione, ma il "dopo" è sempre lo stesso. Non intendo dire che tutti i contenuti e il flusso siano gli stessi, ma l'esperienza e il flusso complessivo dell'esperienza sono gli stessi. Non è così intrinsecamente diverso da poter esitare, procrastinare o non prendere una decisione. È una differenza che si può ignorare se si vuole. Pertanto, è meglio pensare che "il processo dopo la decisione è lo stesso per tutti".

Il modo più potente per farlo è essere disposti a sperimentarlo.

In altre parole, non importa se scegliete A, B o C, siamo disposti a sperimentarle tutte. Non sto dicendo che sia facile, ovviamente. Ma non è impossibile. Non ci sono altre opzioni. Che senso ha dire "non voglio sperimentare" dopo aver preso una decisione? Lo stesso vale per chi esita a sperimentare qualcosa. Ritardare o esitare nel prendere scelte e decisioni non ci porta particolari benefici e può anzi farci soffrire o perdere cose di cui non abbiamo bisogno. Allora perché evitare di "prendere la decisione che è necessario prendere in quel momento"?

Ecco alcune buone mentalità da avere quando si vive il processo post-decisione. L'ansia e la paura in primo luogo sono spesso causate dalla mancanza di queste mentalità.

In primo luogo, non mi pento della mia decisione. Una riflessione e un'analisi adeguate sono positive, ovviamente. Ma il rimpianto non lo è. Mentre la riflessione e l'analisi portano a cambiamenti auspicabili nel processo post-decisione, il rimpianto crea solo emozioni negative e drena energia senza alcun cambiamento produttivo.

In secondo luogo, anche dopo aver preso una decisione, tengo sotto controllo il processo e il risultato, non perché sia ansioso o insicuro. Si tratta di perfezionare la decisione tenendo d'occhio il processo. In questo modo si acquisisce forza per le decisioni future.

In terzo luogo, quando devo fare un cambiamento o un cambio, lo faccio al meglio delle mie capacità. Non perché mi pento o ignoro le mie decisioni. Non importa quanto siate sicuri della vostra decisione, il processo che segue è sempre in movimento e non può essere finalizzato. È impossibile. Quindi non esitate a fare le opportune modifiche e transizioni a posteriori.

In quarto luogo, anche in questo caso, non dimenticate. Se accade qualcosa di veramente straordinario che vi costringe a cambiare o a interrompere la vostra decisione, allora "rimanete fedeli alle vostre idee". Questo non significa essere irrazionalmente testardi e irragionevoli. Si tratta di prendere una decisione. Se cambiate idea, vi arrendete o vi fermate troppo facilmente, potete inavvertitamente minare la fiducia nelle vostre decisioni e la fiducia in voi stessi, oltre a minare la fiducia degli altri in voi. Ci vuole coraggio per cambiare quando si ha davvero bisogno di cambiare, ma ci vuole anche coraggio per non cambiare quando non se ne ha bisogno.

È una disciplina consapevole, una mentalità che vi permette di essere il più deliberati possibile quando prendete le decisioni, di continuare a dare il meglio di voi stessi durante il processo e di essere disposti a sperimentare qualsiasi risultato.

Si tratta anche di coraggio. In altre parole, "volontà di sperimentare" è un altro modo per dire "coraggio di affrontare le esperienze della vita". Il punto è che, che si eserciti o meno il coraggio, i momenti decisionali continueranno a passarci davanti, ed è nel nostro interesse prendere la decisione giusta in quel momento.

Per avere il coraggio di prendere una decisione ed essere disposti a sperimentarla, è necessario avere fiducia in se stessi e nel flusso generale degli eventi. Non è raro che si esiti a prendere una decisione perché non ci si fida di se stessi, quindi chiediamoci: "In che misura mi sono preparato a questa decisione in modo sincero e razionale?" e "Sono impegnato a prenderla una volta presa?".

Se la risposta è sì, non esitate a fidarvi di voi stessi. Siate intenzionali al riguardo. E fidatevi del flusso della situazione. La fiducia nelle circostanze è un po' diversa dalla fiducia in se stessi. Non sto dicendo di avere fiducia nella fortuna, nel destino o in qualcosa di simile. Sto parlando di fiducia nel fatto che se sto facendo del mio meglio, l'intera situazione, che non conosco, si risolverà di proposito. Questo mi fa sentire molto più tranquillo.

Probabilmente siete preoccupati e ansiosi, vi chiedete se vi siete davvero preparati bene e se questa decisione farà andare le cose per il verso giusto. Ciò che dovete esercitare è la cortesia di "notare e superare le illusioni". L'illusione che qualcosa sia la scelta migliore. Fidatevi di voi stessi e della situazione se sapete che continuerete a fare del vostro meglio prima e dopo la decisione. Con questa fiducia, continuate a fare del vostro meglio.

◆◆◆

Sintesi

La difficoltà nel prendere decisioni deriva dall'illusione di fare la "scelta migliore". In realtà, le scelte che facciamo sono la risposta, e siamo noi a creare la risposta. Tendiamo a temere l'esperienza che segue piuttosto che la decisione stessa. Ma a prescindere dalla scelta che si fa, il processo successivo è simile. L'importante è che siate disposti a sperimentare il processo, a non avere rimpianti, a fare gli aggiustamenti necessari e a portare a termine la vostra decisione. È fondamentale avere fiducia in se stessi e nella situazione e avere il coraggio di prendere una decisione.

3.5 Non dobbiamo avere troppa fretta di essere "definitivamente nel giusto"

: Superare l'impazienza di avere ragione: come superarla

Molto tempo fa, ho letto su un giornale la storia di un professore coreano in scambio. La storia recitava più o meno così

Quando andò negli Stati Uniti come insegnante di scambio, seguì una classe. Si trattava di una classe di studenti universitari. La classe doveva presentare e discutere a turno le proprie idee e soluzioni a un problema sociale che era stato presentato loro la settimana precedente. Il professore si aspettava che gli studenti si divertissero a presentare e discutere le loro idee e soluzioni ai problemi sociali che erano stati presentati loro la settimana precedente.

È stato deludente vedere che le presentazioni erano così noiose che ho pensato: "Ma questi sono studenti universitari? Gli studenti coreani avrebbero trovato e organizzato i vari materiali in anticipo e li avrebbero presentati in modo ordinato, ma gli studenti americani no. Guardandoli presentare e discutere una cosa dopo l'altra per più di metà della lezione, il professore si è annoiato e ha pensato: "Perché non ci dicono semplicemente la risposta?

Verso la fine del corso, cominciò ad accadere qualcosa di straordinario. Cose che sembravano impossibili da organizzare hanno iniziato a riunirsi. Il risultato finale è stato una grande conclusione. Una conclusione che sarebbe stata difficile da raggiungere se avessi consultato il materiale esistente. Ora che ci penso, gli studenti non stavano facendo nulla durante la presentazione "non convenzionale". Condividevano i loro pensieri, si basavano su quelli degli altri, ricostruivano i propri, li riproponevano e li riproponevano ancora per arrivare al punto.

È comune per gli studenti coreani trovare e presentare contenuti e risposte esistenti da fonti esterne. Il contenuto è buono, ma non è creato autonomamente. Se l'argomento cambia improvvisamente, non saranno in grado di produrre da soli tali risultati. Gli studenti americani, invece, anche se all'inizio non sanno bene di cosa stanno parlando, sono in grado di esprimersi al meglio e di assorbire ciò che gli altri dicono e utilizzarlo come proprio. Anche le cose che non conoscono o che non sono d'accordo con loro.

In altre parole, era in grado di usare non solo la propria mente ma anche quella degli altri per pensare e ottenere risposte. Sapeva, sia nel cuore che nella testa, che era nell'interesse suo e degli altri trarre le giuste conclusioni in modo efficiente, senza affrettarsi ad affermare che aveva ragione o che sapeva di cosa stava parlando.

Perché siamo così veloci a scegliere l'"unica risposta giusta" e a diventare la "persona giusta"?

La risposta giusta non è sempre fissa. Cambia continuamente a seconda della situazione. In questo senso, la risposta giusta non è qualcosa di fisso, ma è sempre in movimento ed è "ciò che è più appropriato e migliore per questo momento". Il processo di ricerca di ciò che è più appropriato e migliore per il momento è il processo di ricerca della risposta giusta.

Esistono due tipi principali di situazioni in cui è necessario trovare la risposta corretta. Una è quella in cui è necessario trovare la risposta corretta entro un tempo prestabilito. In questo caso, ovviamente, è necessario trovare la risposta migliore nelle condizioni date. La velocità e il tempo sono importanti. L'altro caso è quello di trovare la risposta migliore senza vincoli di tempo. È una situazione più comune nella vita di tutti i giorni. Naturalmente, questo non significa che non ci siano limiti, ma è il "contenuto" della risposta che conta, non la "velocità"..

Il problema è ovviamente che anche nel secondo caso siamo troppo impazienti o compulsivi per dire la "risposta giusta alla fine". Ma in realtà vogliamo affermare la nostra "giustezza" nel modo più rapido e forte possibile, piuttosto che "ottenere la risposta giusta". Vogliamo costantemente essere "quelli che rispondono in fretta".

È un misto di tre desideri. Si vuole dire "in fretta", si vuole essere "giusti" e, infine, si vuole enfatizzare il "me". Il pubblico è cambiato. L'obiettivo originale è scomparso e la cosa sbagliata è diventata l'obiettivo. Questo problema non è limitato a decisori autorevoli o a poche persone specifiche. L'atteggiamento di "io sto bene, il problema sei tu, correggi il tuo atteggiamento" è comune a tutti noi in questa società.

Lo sviluppo dei social media ha reso il momento migliore per osservare questo fenomeno. Pensate ad alcuni dei temi sociali che sono stati discussi online di recente. Alcuni saranno culturali, altri legati alle celebrità, altri ancora politici, economici, religiosi, storici ed etici.

Prendiamoci un momento per riflettere su quante volte noi, o la nostra società, ci siamo affrettati a dare una "risposta definitiva e giusta" a questi problemi. Lo stesso vale per le questioni personali che riguardano solo voi e i vostri amici. È lo stesso fenomeno, solo su scala diversa. Tutti i malintesi e le supposizioni, le voci e i pregiudizi che si creano, la sfiducia e il dolore reciproco che ne derivano - sui social media, al lavoro, a scuola, nelle comunità e a casa....

Come l'esperienza del professore di scambio all'inizio di questo articolo, ciò che serve è ascoltare il maggior numero possibile di parti, capire la situazione, raccogliere dati e informazioni e fare le "conclusioni, risposte, giudizi e scelte" più appropriate sulla base di questi. È nel mio interesse farlo. Non è difficile capire come sia più efficiente e appropriata una risposta basata su informazioni e prospettive minime rispetto a una risposta basata su informazioni e prospettive massime.

Cosa facciamo di solito? Diamo una risposta rapida basata su ciò che sappiamo "adesso". Non sappiamo ancora nulla e diamo una "risposta finale" basata sulle nostre prime sensazioni o ipotesi iniziali. Sento che sto sbagliando qualcosa, che c'è un problema, se non riesco a decidere subito chi ha ragione e chi ha torto, cosa è giusto e cosa è sbagliato. Se cerco di raccogliere più informazioni e di ascoltare altre opinioni, mi sento come se fossi in qualche modo carente. Mi sento allo stesso modo con le altre persone. Sento di non essere abbastanza bravo, di non riuscire a prendere una decisione abbastanza velocemente, di non riuscire a trovare la risposta giusta. È a causa del lavaggio del cervello sociale a cui sono stato sottoposto, a causa della cultura distorta. Non è perché sia il modo giusto o il modo migliore, è solo quello a cui il corpo e la mente sono abituati. Ma attenzione. La familiarità non rende le cose giuste.

Peggio ancora, vedo solo gli argomenti e i dati che si adattano al colore delle mie ipotesi di ciò che "dovrebbe essere". Gli altri argomenti e le controargomentazioni vengono intenzionalmente o meno ignorati. Ciò che non si vede è ciò che non si capisce. Non riuscite a riconoscere e ad accettare il contenuto e i materiali così come sono. Di conseguenza, le vostre risposte non cambiano. La "giustezza" della mia risposta non viene modificata dalle nuove informazioni. Ho già deciso la "risposta finale". Il successivo processo di raccolta delle informazioni è una sorta di frenesia alimentare.

Non è così. Non è che non si abbia una risposta definitiva abbastanza in fretta, o che non si sappia abbastanza, o che non si sappia abbastanza. Ognuno ha bisogno di informazioni sufficienti e di tempo per rifletterci su, per poter dare una risposta valida e appropriata. Nessuno può dare la risposta giusta senza questo. E, tranne in casi particolari in cui è necessaria una decisione rapida, il tempo e lo sforzo necessari non sono mai vani. Il tempo e l'impegno profusi porteranno a un risultato utile e vantaggioso.

- Come trovare la risposta giusta nel vostro interesse

Nei decenni del dopoguerra, la nostra società aveva bisogno di risposte rapide e di risponditori rapidi. Era un'abilità. Trovare, argomentare ed eseguire la risposta più appropriata ed efficace in un determinato lasso di tempo era un'abilità.

L'influenza di una cultura confuciana distorta e di una cultura militare deformata non era insignificante. Lo stesso vale per la cultura patriarcale distorta. In questi casi, non si tratta di velocità, ma di una cultura che non tiene conto della diversità e della considerazione, e di un'eccessiva "autorità del decisore": le decisioni, le scelte e le risposte vengono immediatamente obbedite e attuate in modo uniforme perché sono socialmente accettabili, non perché sono le più appropriate ed efficaci. Anche quando il decisore non è competente.

In questa cultura, il processo di determinazione della risposta giusta era altamente assertivo e guidato. Io o il mio gruppo dovevamo trovare la risposta e affermarla il più rapidamente possibile. Non ascoltavo o consideravo ciò che gli altri avevano da dire, quali altri materiali, quali altre risposte avevano da offrire. Non avevo il tempo, non avevo lo spazio, non avevo la consapevolezza, non avevo la cultura, e quindi non avevo la disciplina per essere disposto ad ascoltare altri materiali, altre risposte, per digerirle e farle mie, per rendere la mia risposta, o la nostra risposta, più completa. Lo abbiamo fatto tutti.

Era molto più semplice di adesso e non c'erano tanti concorrenti. Era culturalmente accettabile. Soprattutto, era familiare. Decisioni rapide e azioni unificate erano efficienti.

Ma il mondo è cambiato. Ogni settore della nostra società è diventato più complesso che mai e abbiamo più concorrenti sulla scena internazionale. Alcuni Paesi ci hanno superato e il "vecchio modo di fare le cose" non funziona più.

Questi non sono gli unici motivi per cui dobbiamo staccarci dalla cultura confuciana distorta, dalla cultura militare e dal patriarcato. Queste culture finiscono per far soffrire me, voi e tutti noi. In breve, è una cultura dell'immaturità. Se avessimo potuto, avremmo dovuto creare una cultura della "risposta giusta" più matura ed efficiente fin dall'inizio, fin dall'inizio. Non perché i tempi siano cambiati, ma perché avrebbero dovuto farlo.

Per il momento, non date il "diritto definitivo". Non siate troppo precipitosi nel definire una risposta "giusta". Per farlo, devo osservare i miei metodi e processi esistenti per determinare le risposte "giuste" e "sbagliate". Devo cercare i miei errori. L'errore consiste nel voler decidere troppo in fretta la risposta giusta, nel credere e nell'affermare con forza che "so già la risposta", cioè che "ho già ragione", e nel provare questa sensazione dentro di sé, anche se non la si esprime all'esterno. Volete convincervi di conoscere già la risposta giusta. Altrimenti, ci si sente insicuri.

Tutto questo si riduce alla fallacia di cercare di affermare "me stesso". Non è che affermare se stessi sia un male. È solo che abbiamo bisogno della risposta più efficiente e accurata possibile, ed è su questo che dovremmo concentrarci. Inoltre, la fallacia di dare per scontato che il familiare abbia ragione è qualcosa a cui prestare attenzione.

Il nostro obiettivo è "la migliore opinione, pensiero e risposta", non "io e le mie argomentazioni abbiamo incondizionatamente ragione". Non confondiamo le due cose. Siamo consapevoli del nostro schema di equiparare i miei pensieri, le mie opinioni, le mie risposte a "me", di equipararli al mio ego e di difenderli. Riconosciamo il nostro bisogno inconscio di proteggere "me" in questo modo.

Quando si deve risolvere un problema reale, questo desiderio non aiuta affatto. Il più delle volte sono dannosi. Alla fine, causano danni e sofferenze sia a noi stessi che agli altri. Ciò che dobbiamo fare davvero non è decidere o competere rapidamente su chi ha ragione o torto, giusto o sbagliato, o dimostrare rapidamente che abbiamo ragione. Si tratta di co-creare opinioni, pensieri e risposte efficaci e accurate che funzionino per tutti noi, compresi me e voi.

Non cerchiamo di avere "ragione" e di affermare la "giustezza finale", ma parliamo e comunichiamo liberamente tra di noi, condividendo ciò che possiamo pensare e affermare in quel momento. Se continuate a parlarvi, ad ascoltarvi e a rivedere le vostre idee, troverete gradualmente un centro di gravità. Quando il processo è completato, il centro viene condiviso di nuovo. Poi si crea un nuovo centro, più completo. Questo processo continua verso l'alto, più e più volte.

Allo stesso tempo, fate del vostro meglio per sostenere ciò che ritenete giusto nel mezzo, in modo che voi e il vostro avversario possiate trarne vantaggio. Non dovete pensare alla via di mezzo o esitare a parlare. Se vi sembra giusto in quel momento, in quella fase, ditelo chiaramente. "Ecco i miei pensieri e le mie risposte migliori in questo momento" e questo è il centro di gravità più appropriato in quella fase. Se c'è qualcosa di urgente, se c'è bisogno di dare priorità a qualcosa, allora potete inserirlo in quel contesto. Create e utilizzate ciò che è meglio per ogni situazione, non necessariamente la "risposta finale e giusta", ma la "piccola risposta finale e giusta in quella situazione, in quella fase". Fate tutto il necessario.

Nel frattempo, riconoscete sempre che non è definitivo. Non abbiate fretta di farne il punto di arrivo, in modo da poter continuare a trovare risposte migliori, scelte più appropriate e conclusioni migliori. Seguite la corrente, fidatevi e credete l'uno nell'altro, e ne trarrete beneficio voi stessi e tutti gli altri.

◆◆◆

Sintesi

Non abbiate fretta di trovare la "risposta finale". Si tratta invece di un processo di ascolto di diverse prospettive, di raccolta di informazioni e di comprensione della situazione. Siate aperti a nuove informazioni e non aggrappatevi al vostro giudizio iniziale. Concentratevi sulla ricerca di una soluzione vantaggiosa per tutti piuttosto che affermare subito di avere ragione. Condividete il vostro pensiero migliore in ogni fase, ma riconoscete che non è la risposta finale e continuate a cercare conclusioni migliori.

3.6 Non esistono caratteri cattivi, solo padroni inesperti

: Dominare la propria personalità senza esserne sopraffatti: come dominare la propria personalità

Molte persone soffrono di problemi di personalità. Se sei timido, sei timido, se sei audace, sei audace, se sei negativo, sei negativo, se sei positivo, sei positivo. Naturalmente, la personalità ha i suoi vantaggi e svantaggi, quindi non è sempre un problema. Tuttavia, tendiamo a preoccuparci maggiormente degli svantaggi. Se lasciamo che questa preoccupazione si blocchi, può prosciugare la nostra energia.

Mentre alcune persone sono in grado di vivere con la loro personalità naturale senza troppi pensieri, c'è una trappola in cui tutti cadono. A un certo punto, rimangono bloccate nella loro personalità e si sentono limitate da essa.

Quando si parla di personalità, la soluzione è una sola. Potete vivere la vostra vita come una vittima della vostra personalità, oppure potete vivere la vostra vita come il padrone della vostra personalità, conquistandola e usandola a vostro vantaggio.

- Possedere e conquistare la propria personalità, senza farsi prendere da essa

Si discute molto se la personalità nasca o se sia plasmata dall'ambiente e dall'educazione. Le ricerche più recenti sulle neuroscienze suggeriscono una divisione di circa 50/50. È una divisione 50/50 tra innato, nutrito e influenze ambientali. In realtà, conosciamo un'idea approssimativa della nostra personalità e delle nostre tendenze innate, e alcune di esse cambiano nel corso della vita, mentre altre rimangono invariate, come il colore della pelle.

In un certo senso, la personalità è come avere capelli, colore della pelle, capacità motorie, abilità canore, abilità nel disegno, ecc. Non è buona o cattiva, superiore o inferiore, è solo diversa. Se tutti al mondo avessero lo stesso tipo di personalità, o se tutti fossero introversi, il mondo sarebbe condannato. Pertanto, ogni personalità ha la sua ragion d'essere. Serve a rendere l'insieme equilibrato e armonioso.

Indipendentemente dal fatto che nasciamo con una forte personalità o con una forte personalità che si è formata, inevitabilmente avremo una nostra personalità in misura maggiore o minore. Quindi non dovremmo limitarci a soffrire della nostra personalità formata, ma dovremmo possederla e conquistarla. Il problema è che non è facile.

Ci sono due intuizioni che ci aiutano in questo senso Sono una ripetizione delle precedenti. Facciamole nostre.

La prima intuizione è che la personalità non è me. È uno strumento di vita che uso.

Siete la somma di una miriade di elementi, e siete tutti e più di tutti, perché siete tutti. Le vostre esperienze passate, i ricordi, l'istruzione, l'educazione, l'aspetto fisico, le caratteristiche, le capacità, le conoscenze, i genitori, la religione, l'intelligenza, l'immagine di sé, le opinioni degli altri e di voi stessi, il nome e la personalità. Tutte queste cose insieme non fanno di me. Non oso essere limitato e definito da nessuna di esse, né dalla somma di tutte. E anche se alcuni di questi elementi dovessero scomparire, anche se dovessero scomparire tutti, io continuerei a esistere così come sono, con fiducia e senza pregiudizi. Provate ora a cancellarli tutti. Immaginate che non rimanga nulla di me, ma solo questa coscienza onnisciente. Come va?

Va bene. Tutto va bene.

Potreste chiedervi: "Se il mio passato, la mia carriera, i miei ricordi, i miei oggetti, i miei genitori, le mie conoscenze, ecc. scomparissero, non sarei niente, non sarei nei guai?" Questa preoccupazione è immaginaria e illusoria, perché credete che queste cose vi controllino e determinino il vostro valore. Naturalmente, se i vostri ricordi, i vostri beni, il vostro passato, ecc. scompaiono, non sarete mai più esattamente gli stessi. Ma stiamo parlando del "voi" che esiste indipendentemente da qualsiasi condizione interna o esterna. È la sensazione di essere presenti e di stare in piedi. È qualcosa che nessuno e niente, tranne me stesso, può controllare. A meno che io stesso non la distrugga o la indebolisca.

Nel mondo reale, il mondo cerca costantemente di determinarmi con le sue "condizioni", assegnando valore, attribuendo o togliendo significato. Persino io lo faccio con me stesso. Posso pensare che gli altri mi stiano giudicando, ma sono io a decidere se accettare o meno il loro giudizio, mai loro. Sono io che in ultima analisi mi permetto di prendere questa decisione. Ma molte persone non se ne rendono conto e credono che siano gli altri, il mondo, a definirli. Non è così.

Come tutti gli altri fattori o condizioni, la "personalità" non mi determina, tanto meno mi rende ciò che sono. Ma quanto fortemente vediamo, sentiamo e crediamo che "personalità = io" è qualcosa che dobbiamo notare. La personalità, come il colore dei capelli, il colore della pelle, il tono della voce, l'altezza, il peso, ecc. è solo uno "strumento" con cui sono nato, da usare e con cui vivere.

Inoltre, esistono solo tipi di personalità, non personalità migliori o peggiori. È solo una questione di come la si usa. Se non avete familiarità con la vostra personalità o sentite che non la state usando abbastanza bene, potete cercare di trovare dei modi per usarla meglio. Esistono molti metodi di questo tipo. Dovete solo impararli e trattarli come le vostre mani e i vostri piedi. Questo è il punto di partenza e la chiave. Finché non riuscirete a farlo e continuerete a credere nella convinzione "la personalità sono io", non cambierete.

La seconda intuizione consiste nell'identificare, accettare e utilizzare il proprio tipo di personalità. Invece di vederlo come una debolezza e cercare di compensarlo, usatelo come un punto di forza.

Per utilizzare la personalità come strumento, è necessario conoscerla bene. Molte persone pensano di conoscere la propria personalità, ma in realtà spesso non è così. Conoscere la propria personalità significa conoscere e capire se stessi con la stessa obiettività di chiunque altro.

Se state lottando con un problema di personalità e non state ottenendo risultati, dovete essere onesti con voi stessi. "Oh, non conosco abbastanza bene la mia personalità!", direte voi. Se così fosse, non sarebbe così difficile. La chiave è "sapere che non si conosce ciò che non si conosce".

Esistono diversi modi per identificare la propria personalità. Un modo pratico è quello di utilizzare un sistema di analisi della personalità disponibile in commercio per identificare il vostro tipo, oppure potete sottoporvi a un test della personalità presso un centro psicologico, psichiatrico o di coaching. Non bisogna fidarsi troppo di questi sistemi di analisi della personalità, ma non bisogna nemmeno ignorarli. Si può dire: "Oh, c "è questo, e posso descrivere approssimativamente la mia personalità in questo modo". Sono strumenti e non bisogna prenderli come un dato di fatto, ma farsene carico e selezionare, interpretare, applicare e utilizzare attivamente le informazioni.

I sistemi di tipi di personalità più diffusi e utilizzati sono l'MBTI, il DISC e l'Enneagramma. Esistono molti altri strumenti, ma questi tre sono un buon punto di partenza. Se cercate su Internet, ci sono molti siti che offrono test in tempo reale. Se utilizzate un test gratuito, assicuratevi che contenga il maggior numero possibile di domande, in modo che i risultati siano più accurati.

Prendiamo ad esempio il sistema MBTI. Si divide in "Introverso (I) ed Estroverso (E)" in base alla direzione dell'energia, "Intuizione (N) e Sensazione (S)" in base al metodo principale di percezione, "Sentimento (F) e Pensiero (T)" in base ai criteri di giudizio e "Percepire (P) e Giudicare (J)" in base allo stile di attuazione, e li combina per classificare le personalità in un totale di 16 tipi. Per esempio, se la vostra personalità è "introversa, intuitiva, emotiva e cognitiva" secondo , siete un tipo "INFP". L'importante è sapere che siete introversi, che il vostro modo principale di percepire è l'intuizione, che il vostro modo di giudicare è l'emozione e che il vostro stile di vita è la cognizione.

È inoltre molto utile identificare i tratti del tipo opposto in ciascuna delle quattro aree. Spesso conosciamo solo la nostra personalità e le nostre tendenze, ma non sappiamo come le altre persone si sentono, si comportano, reagiscono o pensano. Una volta conosciuto questo sistema di tipi di personalità, è possibile determinare perché le altre persone si comportano nel modo in cui si comportano.

Un solo test potrebbe non rivelare le vostre tendenze o la vostra personalità. Potrebbe essere necessario eseguirlo più volte o utilizzarne uno diverso. Così facendo, vi farete un'idea più precisa di come ogni sistema classifica la vostra personalità. È importante notare che nessun tipo di personalità è un monolite: io ho elementi sia di introversione che di estroversione, oltre a elementi di intuizione e di sensibilità. È importante capire che la personalità di una persona è una combinazione di molti elementi, anche se io posso preferirne o usarne uno più dell'altro.

In particolare, ogni personalità è unica e ha i suoi punti di forza, quindi, almeno per quanto riguarda la personalità, non bisogna vederla come una debolezza e cercare di compensarla, ma piuttosto vederla come un punto di forza in sé e usarla a proprio vantaggio. Bisogna iniziare a pensare in questo modo.

Ad esempio,

Non è "sensibile o delicato", è "delicato".

Non è "ruvido", è "audace".

Non si tratta di "fluttuare", ma di "agilità".

Non è "timido", è "prudente".

Non si tratta di essere "compiaciuti", ma di avere una "sana autostima".

Non si tratta di essere "opinionisti", ma di essere "analitici".

Non è "fragile", è "amichevole e caloroso".

Non si tratta di essere "sprezzanti", ma di essere "attivi ed espressivi".

Non è "senza numero", è "contemplativo".

Non si tratta di essere "astuti", ma di essere "precisi".

Non è "freddo", è "calmo".

Non è "senza cuore", è "oggettivo".

Il motivo per cui dovremmo basarci sui nostri punti di forza piuttosto che compensare le nostre debolezze è che non esiste una debolezza in natura. Esistono solo debolezze, sia che le usiamo bene sia che non le usiamo. Qualsiasi personalità e qualsiasi elemento della stessa diventa un punto di forza se usato bene. Pertanto, non c'è bisogno di aggrapparsi a cose che non si usano bene, chiamandole debolezze. È una perdita di tempo. È sufficiente trasformare quel tratto in un punto di forza intrinseco. E come ho scritto sopra, la strategia consiste nel trasformare deliberatamente i tratti della vostra personalità in punti di forza, invece di pensarli in termini di debolezza. Perché la mia personalità è la mia forza.

- Diventare padroni della propria personalità quando si va oltre se stessi

Come abbiamo già detto più volte, la personalità non è "io". Molte volte identifichiamo la nostra personalità con noi stessi e la trattiamo come qualcosa che non possiamo cambiare. Lo stesso si può dire delle altre persone. Ma è bene ripeterlo: il temperamento o la personalità sono solo uno "strumento" che uso.

La possibilità di usare la propria personalità o di viverci dentro dipende dal fatto che si vada o meno oltre.

È una parola grossa, ma non è complicata, grande o speciale: si tratta di non limitarsi o intrappolarsi con le limitazioni che vi sono state poste in precedenza. Ci saranno momenti in cui definirete o farete delle ipotesi su voi stessi o sugli altri e, sebbene possiate usarle come una delle "informazioni" di cui avete bisogno per vivere, non le accetterete come il "tutto di me" o la "verità assoluta".

Si tratta di notare che non si possono porre limiti o restrizioni a ciò che si è, e che si è sempre lì, così come si è, così come si è.

Come può cambiare il nostro temperamento unico quando ci muoviamo al di là di noi stessi? Per semplificare la spiegazione, facciamo riferimento alle quattro teorie del temperamento del sistema di personalità DISC.

Ogni lettera del DISC rappresenta uno dei quattro tratti della personalità: dominanza, , influenza, fermezza e coscienziosità. Vediamo come cambia la stessa personalità prima e dopo avermi incrociato.

Se siete dominanti (D), volete avere il controllo di "ogni situazione" perché vedete la vostra personalità dominante come il vostro tutto e non potete allontanarvi da essa finché non vi supera. Non importa se ho ragione o torto. Seguire qualcun altro non è accettabile per me e non riesco a prosperare in quella situazione. Non mi sento sicuro quando sono gli altri a prendere l'iniziativa, perché sento che in qualche modo sarà sbagliato e andrà male.

Dopo essere andato oltre me stesso, so che il comando non è tutto ciò che sono. Conduco quando ne ho bisogno, ma non conduco quando non ne ho bisogno. Una volta che sento l'impulso a condurre, posso fermarmi notando che si tratta solo di una mia "risposta temperamentale". Se mi sento a disagio o in ansia per il fatto di non essere in grado di condurre, so che anche questa è solo la mia risposta temperamentale automatica, quindi non reagisco ulteriormente. Con il tempo, diventerete più bravi a riconoscere e ad applicare il vostro "temperamento d'iniziativa" quando è appropriato e quando no.

Il tipo sociale (I) può anche essere chiamato "tipo espressivo". Mi sento vivo e intuitivo quando faccio ciò che sento, dico ciò che voglio dire e faccio ciò che voglio fare. Mi sembra giusto farlo.

Dopo essere andata oltre me stessa, mi accorgo che anche l'espressione e la tendenza ad essere attivi sono solo modi di essere. Certo, l'espressione è il suono della vita e penso che sia meglio esprimere che non esprimere, ma riconosco anche quando è appropriato e quando non è appropriato. È così che si distingue tra una buona espressione e una cattiva espressione. Non si tratta dell'espressione in sé, ma dell'efficacia, della praticità e del significato dell'espressione. Non si tratta solo di esprimere se stessi, ma anche di ricevere espressioni dagli altri. Riconoscono che il valore o il significato di "me" è unico e separato dalla "mia espressione". So come usare l'espressione come uno strumento, non come un mezzo per consumarla.

Lo Stabile (S) è solitamente amichevole, pacifico e disposto a conformarsi. Questo di solito va bene, ma quando hanno bisogno di prendere il controllo o di affermarsi, le cose non vanno come vorrebbero o le relazioni ne risentono. Non capiscono perché gli altri li critichino quando sono stati attenti e non hanno fatto nulla di male.

Una volta che sono al di là di me stesso, so che essere stabile è "solo il mio temperamento", quindi quando ho bisogno di guidare o esprimere me stesso, lo faccio, anche se è un po' scomodo. Certo, non mi sento a mio agio, ma so che questo disagio è solo una sensazione e niente di più. La chiave è come si fa funzionare la situazione e come si rende significativa la relazione, e so che non è il mio temperamento a gradire le situazioni amichevoli, e so che le relazioni o le situazioni amichevoli non sono sempre buone o desiderabili.

I cauti (C) possono anche essere definiti "analitici". Sono cauti in tutto ciò che fanno e tutto deve essere logico e razionale. Anche quando si va a fare una gita nel fine settimana, i preparativi e il programma devono essere perfettamente organizzati. Non accettano nulla di astratto o confuso. C "è sempre una risposta chiara e la conosco. Tutto ciò che non è così strutturato, preciso, dettagliato, organizzato o preparato è sbagliato o falso. Il problema è attenersi ad esso, anche quando non è necessario.

Dopo essere andato oltre me stesso, so che la "perfezione" è un'impostazione. Ci si rende conto che non è intrinseca, ma creata dalla necessità e dall'utilità. Ci si rende conto che il proprio temperamento è uno strumento che torna utile quando serve. Usate il vostro temperamento per mettere a punto, organizzare e costruire quando ne avete bisogno, ma sapete anche come ignorare i passaggi e le sequenze rigide quando non ne avete bisogno. Anche se non mi sento a mio agio, so che è solo una reazione automatica della mia mente e non ha nulla a che fare con la realtà.

Il nostro obiettivo è quello di conoscere il vostro temperamento e la vostra personalità e di capire i vostri punti di forza e di debolezza, in modo da massimizzare i vostri vantaggi e punti di forza.

Inoltre, l'obiettivo finale non è essere padroni del temperamento e della personalità in sé, ma essere padroni di me stessi al di là di essi. E "al di là di me stesso" per diventare padrone di me stesso e del mio temperamento. Andare oltre me stesso è il modo più sicuro per andare oltre, per conquistare, il temperamento e il carattere.

Non è necessario fare qualcosa di straordinario per cambiare. È il contrario: si usa la propria personalità come risorsa e la si trasforma in un punto di forza. Questo è ciò che va al di là di me. Quindi non aspettiamo di essere cambiati, ma cambiamo noi stessi. Non cercare di cambiare, ma scegliere di cambiare.

◆◆◆

Sintesi

La personalità non è ciò che siamo, ma uno strumento che usiamo nella vita. Non c'è nulla di buono o cattivo nella personalità, è il modo in cui la si usa che conta. È necessario comprendere e accettare la propria personalità e vederla come un punto di forza, non come una debolezza. È utile capire se stessi in modo oggettivo, prendendo lo strumento per analizzare il proprio tipo di personalità. In definitiva, l'obiettivo è trascendere la propria personalità e diventarne il padrone. Questo può essere fatto attraverso il processo di trasformazione dei tratti della personalità in punti di forza.

3.7 L'essenza della vita non sta nel contenuto ma nell'utilizzo
: La saggezza di Wittgenstein

Nel settembre 2015, mi sono imbattuto in una storia ispiratrice su Internet. Si trattava di una squadra svedese di quattro persone e di un cane randagio che hanno partecipato ai Campionati mondiali di Adventure Racing in Ecuador nel novembre 2014.

"La competizione si tiene ogni anno e coinvolge sport estremi come il trekking, la mountain bike e il kayak, percorrendo più di 700 chilometri in 10 giorni per vedere chi riesce a completare il percorso più velocemente".

La squadra svedese si era allenata con tutte le sue forze per questa competizione. Durante la gara, la squadra ha avvistato un cane allungato sulla strada e non ha resistito a dargli una polpetta. Il cane ha iniziato a seguire la squadra. Il team temeva per la sua incolumità e ha cercato di separarlo dalla squadra, ma lui non se n'è mai andato. Durante l'ultima tappa, che prevedeva l'attraversamento di 57 chilometri di fiume in kayak, la squadra ha salutato il cane. Quando il cane ha visto la barca allontanarsi, si è buttato nel fiume. Il team ha deciso di mettere il cane nel kayak. Hanno quindi rallentato per remare con il cane e alla fine hanno concluso la gara al 12° posto. Dopo un anno di duro allenamento e competizione, il team ha dichiarato di non rimpiangere il premio, ma di aver guadagnato un caro amico. Il cane è tornato in Svezia con il team ed è entrato a far parte della famiglia di uno dei membri del team, che lo ha chiamato 'Arthur'".

Si dice che un filosofo di nome Wittgenstein abbia detto. "L'essenza del linguaggio non è nel suo significato (contenuto), ma nel suo uso".

Ora possiamo prendere le sue parole ed estenderle per dichiarare che

"L'essenza della vita non sta nel suo contenuto, ma nel suo uso".

Se si dà priorità al "contenuto", si dovrebbe fare del proprio meglio e ottenere le migliori prestazioni possibili. Di solito, si tratta di buon senso. Ma per il team svedese, il "contenuto" fisso della competizione - vincere o ottenere buoni risultati - non era l'essenza della partecipazione alla competizione, non solo per loro, ma per tutti i concorrenti: l'essenza della competizione non sta nel vincere o ottenere buoni risultati, ma in ciò che si sperimenta e in ciò che si utilizza.

Così è la nostra vita, così è la nostra esistenza.

Crediamo che la vita sia significativa e completa solo quando la riempiamo con alcuni contenuti prescritti. La miriade di "contenuti" individuali, collettivi e socioculturali in cui siamo stati condizionati a credere sono diventati forti come una religione e ci imprigionano. Imprigionano noi stessi. I maestri che li creano sono essi stessi intrappolati da essi. Chi decide il contenuto di questa vita, il mio contenuto? Esiste una risposta assoluta?

No!

Chi osa?

Altre persone? Il mondo?

Nessuno può decidere.

È una comodità, ma non è l'unica cosa che si può usare.

Anche da parte di "me".

Quello che si fa o non si ottiene, chi si diventa o non si diventa, ecc. sono solo i "contenuti". E l'essenza della vita non è nel contenuto. Il contenuto è solo un mezzo per utilizzare la vita. Non è l'unico o l'assoluto. Cercheremo di fare e realizzare quanto più possibile, ma tutto quel contenuto è un mezzo, non un fine.

Vivendo ed esistendo, creiamo e accumuliamo naturalmente contenuti. Tuttavia, non esistono contenuti nella vita e nell'esistenza che siano "solo significativi". Si crea, si sperimenta e poi si lascia andare. La scelta è mia, non di nessun altro. Questa è la nostra vita. Questa è la nostra esistenza.

Pur essendo in grado di creare qualsiasi cosa,
Allo stesso tempo, non lasciatevi prendere dal contenuto.

Selezionare attivamente i contenuti.
Sappiate che i contenuti sono solo contenuti.

Non mi interessa il contenuto.
E fare leva sulla vita.

E il
Anche "me" è contenuto, quindi
Se è possibile
Concentratevi sul buon uso del "me".

◆◆◆

Sintesi

L'essenza della vita sta nell'applicazione, non nel contenuto. Spesso pensiamo che la vita debba essere piena di un certo contenuto per essere significativa, ma questo ci limita. Il contenuto della nostra vita non è assoluto o fisso, ma è quello che scegliamo e utilizziamo. L'importante è creare contenuti, ma non esserne vincolati, e riconoscere che i contenuti sono solo contenuti. In definitiva, dobbiamo essere in grado di vedere la vita e persino "me" come un oggetto da utilizzare.

3.8 La storia della ragazza che un giorno ha trovato improvvisamente il suo "io"

: Al di là di tutti i nomi - Abbracciare la propria vera identità

C'era una ragazza.
E poi c'era la mamma.

Sfortunatamente, la mia mamma con il cuore spezzato ha deciso di utilizzare
È così che la chiamo da quando era piccola.

"Brutta puttana,
Puttana pigra,
Puttana compiacente,
Puttana egoista,
Puttana ignorante,
Puttana subdola".

La voce che avete sentito da vostra madre fin da quando eravate bambini è
Perché è stato assoluto per la ragazza
Non riuscivo a pensare ad altro.
E proprio così, era tutto loro.

La vita della ragazza era comprensibilmente difficile.
Soprattutto quando ci si confronta con gli altri
L'immagine di sé in cui si crede
Le ha causato molto dolore.

Ma pensavo fosse ovvio.
Perché siete chi pensate di essere.

Poi un giorno
La ragazza ebbe improvvisamente una domanda.
'Tutti questi nomi che penso come me sono
Sono davvero io?

Ho capito fin da piccola che la voce di mia madre non era un assoluto.
Quando la veglia supera una certa soglia
La domanda era.

Non si tratta di una "domanda negativa" che nega qualcosa, bensì di una
Quello che sfida tutte le probabilità
Era la grande domanda.

E infine
Se ne accorse.

'Quelli che mia madre ha attaccato
Non era il mio nome!
Non ero io.
Non ero nemmeno io.
Non possono limitarmi e definirmi.
Non sono definito da quei nomi!".

Il momento,

Era libera.

No, non c'era libertà.
perché non c'è più niente in cui rimanere intrappolati
Non si tratta di fuggire o di andarsene da qualche parte.
Perché lo so.

Sono solo tutti quei nomi passati, le immagini di sé,
Quello che credevo di essere io
Una mamma affranta, nei limiti di ciò che poteva fare.
È solo una parola che ho affibbiato a me stesso", ha detto.
Tutti quei nomi erano stati spazzati via.

Non è che debba sparire o che debba essere cancellato.
È diventato un "no-brainer".
So cosa sono.
Perché so che non è niente.

E la ragazza ha trovato il suo vero io.
Da tutti i nomi negativi del passato
Sono libero.

Poi è successo qualcosa di ancora più sorprendente.
Che le ragazze non hanno più bisogno di nomi come una volta.
perché non ti vedi più come un
Non dovete esistere come un "nome unico".
Perché l'avete notato.

Non solo i nomi negativi del passato

Non importa quanto sia bello il nome
attaccato all'esistenza infinitamente libera di me
Nel momento in cui ci si trova intrappolati in essa
L'infinito io in un nome stretto
perché sappiamo che si ridurrà.

La ragazza è ora una
Non è necessario dargli un nome.
Così naturale, sicura, flessibile,
Pieno, soddisfatto, amorevole,
Si crogiolava nella gloria della propria esistenza.
L'ho semplicemente assaporato, goduto, apprezzato, permesso, accettato.

Invece di rifiutare tutti i nomi, il
Indipendentemente dal fatto che il nome sia negativo o positivo
Sentitevi liberi di prendere tutti i nomi che ritenete utili e necessari.

A volte si tratta solo di "me",
A volte essere mamma,
A volte è diventata una moglie.
A volte sono diventato un compagno di aiuto,
A volte è successo il contrario.

E poi
Indipendentemente dai loro nomi, i
È sempre stato lì.

già, originariamente, sempre, spontaneamente

Naturalmente, con fiducia,
Siate flessibili, siate pieni,
Con soddisfazione, con amore,
Prendetevi il tempo necessario.

◆◆◆

Sintesi

Una giovane ragazza è intrappolata dai nomi negativi che le sono stati dati dalla madre, finché un giorno si rende conto che non sono la sua vera identità. Scopre la sua essenza al di là di tutti i nomi e di tutte le etichette e impara a essere libera e spontanea, slegata da qualsiasi nome. Assume ruoli diversi a seconda delle necessità, ma rimane la sua essenza, accettando con fiducia e godendo della sua esistenza.

Capitolo 4 Le ferite non vanno evitate ma rese insignificanti

4.1 Le ferite non vanno eliminate ma accolte e superate

4.2 Come non farsi ferire dalle parole degli altri

4.3 Come diventare indifferenti a "quei ricordi" che ci turbano

4.4 Quando emergono i brutti ricordi è in realtà un'opportunità

4.5 Come liberarsi dalle emozioni negative

4.6 Come superare la paura istintiva dell'ignoto

4.7 Quanto sono disposto a "sperimentare" me stesso?

4.1 Le ferite non vanno eliminate ma accolte e superate

: Abbracciare e andare avanti - Il vero significato della guarigione

Non esiste nessuno che non sia stato ferito almeno una volta. Le relazioni sono come camminare a piedi nudi tra i cespugli spinosi, quindi quando si ha una relazione si è destinati a essere feriti in qualche modo, e quel dolore continua ancora oggi.

Spesso è offensivo, ma può anche essere involontario. Può accadere in modo accidentale, circostanziale o strutturale, senza alcuna intenzione o volontà. Una parte può essere negligente o insensibile, e l'altra parte può essere sensibile o permalosa. A volte, naturalmente, si tratta di entrambe le cose.

Alcune ferite sono relativamente lievi e vengono affrontate quotidianamente, mentre altre sono intensamente traumatiche. L'impatto "fisico, emotivo, personale e situazionale" della vittimizzazione, dell'aggressione e della violenza può essere significativo e, sebbene la guarigione psicologica sia necessaria a un certo punto, molte persone portano con sé queste esperienze per il resto della loro vita. Le ricerche delle neuroscienze hanno dimostrato che gravi violenze fisiche e psicologiche, abusi e traumi subiti nell'infanzia possono influenzare il cervello e portare a sintomi di depressione, ansia e altre patologie che durano tutta la vita. È quindi opportuno cercare un aiuto professionale, se possibile.

Quello che agli altri sembra un evento insignificante può avere un effetto traumatico su di voi. No, è sorprendentemente comune. Questo perché il crepacuore è un problema interno. Per quanto piccolo possa sembrare, è davvero un problema se lo si sente grande e serio. Se le persone non lo capiscono, per loro è ancora più difficile.

Naturalmente, dovremmo eliminare il più possibile il dolore non necessario, sia per gli individui che per la società. Gli individui devono maturare e la società deve migliorare strutturalmente. Si tratta di un compito di progresso personale e sociale che tutti devono realizzare insieme. D'altra parte, oltre a questi sforzi sociali, dobbiamo anche affrontare le nostre ferite psicologiche.

L'ironia è che spesso rendiamo le cose più difficili per noi stessi. Perché non ci permettiamo di essere feriti. Che sia stato 10 anni fa, 10 mesi fa, un'ora fa, 10 secondi fa o adesso, il dolore è già stato vissuto. La mia mente non permette al dolore e alla situazione di esistere.

"Perché io? Perché io? Non ho fatto nulla di male, è ingiusto, lo odio, non me lo merito, non posso permettere questa esperienza, questo dolore!", continuate a urlare dentro di voi.

È comprensibile. Non dobbiamo sempre accettare e permettere le cose solo perché le abbiamo sperimentate in passato, e a volte ci sentiamo più a nostro agio o soddisfatti non accettandole. È una mentalità strategica.

- Non si può negare che qualcosa esista

La questione è la durata, ovvero lo stato mentale che ne deriva. Cosa succede alla nostra mente quando neghiamo e non permettiamo alla situazione passata, all'esperienza, al sentimento o all'altra persona di esistere.

Di conseguenza, diventa più difficile. Perché anche voi sapete che l'atto di cercare di credere che qualcosa che già esiste non esiste è intrinsecamente "sbagliato". Ma non riuscite a smettere di negarlo e rifiutarlo. La sensazione è che permetterlo e accettarlo vi renderà più infelici, risentiti e arrabbiati. Tuttavia, le esperienze e i sentimenti della ferita rimangono nel sistema di memoria del cervello, quindi possono essere "repressi", ma non "spariscono". Continuano a influenzarci inconsciamente. Maggiore è la repressione e l'ignoranza consapevole, maggiore è l'impatto. La repressione e l'ignoranza non sono il modo per risolvere il problema.

Finché saremo animali sociali, non potremo evitare le ferite psicologiche che si verificano nelle nostre relazioni. Quindi, cosa dovremmo fare se non continuare a essere feriti e a soffrire?

No, non è possibile. Non deve essere così. Sebbene sia inevitabile provare dolore, ci sono cose che possiamo fare per il periodo di sofferenza che segue. Sia che vi rivolgiate a un consulente professionista, sia che lo affrontiate da soli o che riceviate il sostegno di chi vi circonda, tutti questi tentativi hanno un unico scopo. Non è che il dolore sparisca, ma che alla fine diventi insignificante. Non si tratta di dire che va bene quando non c'è più, ma che non importa se c'è o meno. Un altro modo per dire questo è "lasciar andare".

Potreste dire che è troppo facile, ma questa frase non è uscita dalla mia bocca. Piuttosto, proviene dalla guarigione più attiva, dal superamento, dall'empatia, dall'abbraccio e dall'andare avanti. Sono parole forti. Quindi è una parola potente, una parola pesante. Sono anche parole di sostegno. Agli altri, a me stesso.

Forse tutte le cose che cerchiamo di fare per guarire le nostre ferite psicologiche - consulenze, religione, preghiere, incontri, programmi, libri, meditazione, insight, tempo, ecc... - sono pretesti per questo scopo: stiamo meglio perché siamo passati attraverso la guarigione e l'insight, ma nel processo scopriamo che la ferita non è nulla, che non è così grande e grave come pensavamo.

In altre parole, si tratta di liberare gli assoluti che abbiamo inconsapevolmente attaccato alle ferite del passato. Liberarsi dall'illusione che sia tutto qui. Si tratta di ridimensionare l'importanza che gli ho dato. E diventare più grandi di quella ferita, di quel ricordo passato.

Se state soffrendo, fate del vostro meglio per guarire. Chiedere una consulenza non significa dipendere dagli altri, né significa non essere indipendenti. Proprio come sareste disposti ad andare dal medico per una ferita fisica, dovreste essere disposti a cercare aiuto per le vostre ferite emotive. Ci sono molti altri modi per guarire, quindi trovate il vostro modo di guarire le ferite emotive. È un processo di crescita, un processo di espansione. Dovete solo fare in modo che sia così.

Siamo chiari su questo punto. La ferita non si guarisce affrontando in qualche modo la causa che l'ha provocata. Una cosa è affrontare la causa per liberarmi da essa, ma ora andiamo più a fondo. Andiamo più a fondo: la ferita è diventata tale perché le davo valore, perché ero bloccato nel vecchio modo di essere, e ora che sono più grande di essa e non sono più bloccato in essa, sono libero di lasciarla andare, di abbracciarla, di lasciarla andare, in modo che "la ferita cessi di essere una ferita" è la base della guarigione.

Rendiamoci più forti e maturi, in modo che nel presente e nel futuro non riviviamo il più possibile le ferite del passato, ma quando lo facciamo, lasciamo che si liberi chiarendo che non è qualcosa che dobbiamo fare per essere liberi.

◆◆◆

Sintesi

Tutti sperimentano ferite psicologiche. Negarle o ignorarle non risolve il problema e può peggiorarlo. La vera guarigione non consiste nel cancellare una ferita, ma nel riconoscerla e superarla. È un processo che consiste nel rendersi conto che la ferita non è più importante e nel superarla. È importante cambiare le nostre percezioni e reazioni alla ferita, piuttosto che affrontare la causa della ferita. Può essere utile esplorare e utilizzare una serie di metodi di guarigione, compresa la ricerca di un aiuto professionale.

4.2 Come non farsi ferire dalle parole degli altri

: Permettere la mia e la vostra libertà allo stesso tempo.

Ci sono persone che sono particolarmente ferite dalle parole degli altri. Vorremmo fare un pugnale in quel momento o dire tutte le cose che vogliamo dire e andare avanti, ma a seconda della nostra personalità, non è così facile. Così, in seguito, ci pensano, si risentono e si scompongono.

Cosa possiamo fare?

Esistono molte soluzioni e la chiave di tutte è la disciplina e la perseveranza. In questo articolo esamineremo un metodo efficace.

Ma prima di arrivare a questo, c'è un tormentone. Non essere mai sciocco. Se sentite di essere attaccati ingiustamente o di trovarvi in una situazione ingiusta, dovete reagire ed esprimervi in qualche modo. Se necessario, potete dire la stessa cosa, imprecare o addirittura picchiarli. Fate tutto ciò che dovete, volete o potete fare. Non rimanete fermi.

Fate questo a parte (ma contemporaneamente) alla vostra reazione legittima. Se vi sentite facilmente feriti dalle parole o dalle azioni dell'altra persona e le trattenete a lungo nella vostra mente, dichiarate nel vostro cuore che d'ora in poi reagirete più ad esse.

"Ogni vostro pensiero, parola e azione è, ovviamente, vostro.

Pertanto, vi concedo la libertà!".

Si tratta di dare loro la libertà di essere padroni della relazione e della situazione. Nessuno può dirvi cosa fare, quindi dovreste fare lo stesso con l'altra persona. Non sto dicendo che dovete lasciare che l'altro faccia quello che vuole. Sto dicendo che dovreste permettergli di essere libero. Tenete sempre presente che siete liberi di intraprendere qualsiasi azione, indipendentemente da lui.

Quando l'altro vi fa qualcosa, di solito vi sentite feriti esteriormente, ma dentro di voi pensate: "È davvero offensivo. Non avresti dovuto farlo". Non lo esprimete, ma nel vostro cuore non permettete all'altro di fare nulla. È una dittatura timida. Non è solo una metafora, ma le persone con potere sociale spesso trasformano le loro dittature mentali in dittature reali.

Da una prospettiva saggia, i divieti e i disconoscimenti interiori non hanno alcun effetto né beneficio. Non fanno smettere l'altra persona e non fanno la differenza. Fanno solo aumentare il risentimento. È impossibile per me proibire la libertà di pensiero, di parola e di azione dell'altra persona. Cercare di fare l'impossibile mi farà solo sentire peggio e non risolverà nulla. Dovreste notare questo.

Non è la fine della storia, non può esserlo. Non si tratta solo dell'altra persona, ma anche di "me", affinché la relazione sia equa. Sono un'altra persona che merita di essere trattata in modo equo. Quindi dichiarate nel vostro cuore che vi permettete di essere liberi nello stesso momento in cui permettete agli altri di essere liberi.

"Tutti i miei pensieri, parole e azioni sono ovviamente miei.
Vi concedo la mia libertà!".

Mi do il permesso di essere libero. Anche se non ho bisogno del permesso degli altri. Allo stesso tempo, permetto all'altra persona di essere libera nel mio cuore. Quando permettete all'altro di essere libero, godete della vostra libertà.

Ora, permettiamo a entrambe le parti di essere libere! A poco a poco, noterete che la vostra mente e il vostro comportamento saranno diversi da prima. Diventeranno più aperti, civettuoli, liberi e armoniosi. Entrambe le parti potranno esprimersi liberamente e accettarsi reciprocamente.

All'inizio i due comportamenti possono sembrare in conflitto. Non è una contraddizione dire che sono libero di reagire, ma sono anche libero di permettere all'altra persona di reagire? Può esserci una certa confusione psicologica. "Cosa faccio quando devo proibire il comportamento dell'altro? Devo proibirlo o no?

Facciamo un esempio concreto di cosa fare in questa situazione. In una situazione, volete dire "No!" o "Non farlo!" alle parole o al comportamento dell'altra persona. Ora, separatamente, nella vostra mente, datele la libertà di farlo. Sinceramente: "Sì, questa è la tua libertà!" Poi concedete anche a voi stessi questa libertà.

Ma in realtà c'è una chiara differenza rispetto a prima. In passato, se volevo dire "no" o "non farlo", stringevo i denti e ingoiavo il mio risentimento perché non potevo permettermi la libertà di dirlo. Che lo dicessi o meno, non lasciavo all'altra persona la libertà di esprimersi. Capirete la differenza. Ora lascio loro la libertà e sono libero di dire "No!" o "Non farlo! Naturalmente, potete scegliere di non dirlo.

Anche se all'apparenza sembrano uguali, sono completamente diversi. Il secondo è molto più libero, fresco e allegro. Inoltre, l'effetto è molto maggiore e la situazione successiva è diversa. Se in passato avevo una mentalità chiusa e psicologicamente indisponibile, reagendo sempre alle situazioni e alle relazioni in modo da peggiorarle, ora inizio a vedere me stesso, l'altra persona e la situazione intorno a me in una prospettiva più ampia, in modo da poter pensare e agire più liberamente e vedere nuove soluzioni. Potreste anche riuscire a prendere il controllo di una situazione difficile con una battuta leggera.

Cosa facciamo di solito? Non lasciamo all'altro la libertà di espressione. Che io dica effettivamente "non farlo" o meno, lo stato d'animo è lo stesso. Quindi la mia mente è ancora a disagio e la tensione o la negatività che si crea tra noi non sparisce affatto.

Oppure, al contrario, lasciano all'altra persona la libertà di fare ciò che vuole, ma dicono a se stessi: "No, non puoi farlo. Non puoi provare rabbia, non puoi esprimere rabbia, non puoi essere arrabbiato. Finché si è in questo stato mentale, è lo stesso se si dice all'altra persona "non farlo" o meno. La tensione e le emozioni negative non scompaiono.

Permettere a entrambe le parti di essere libere significa, in altre parole, cambiare il campo di gioco. Se prima la vostra mente era un campo da gioco inclinato, sconnesso e disordinato in cui non potevate giocare bene, ora è un campo da gioco piatto, rotondo e pulito. Potete correre più liberamente e con gioia.

Nei primi giorni potreste sentirvi impacciati e a disagio nel concedervi reciprocamente la libertà, per cui le discussioni potrebbero intensificarsi e potrebbe esserci un senso di "oh, non è giusto". Può sembrare che non sia cambiato molto rispetto al passato. Ma è diverso quando ci si abitua. Se non vi arrendete e continuate ad andare avanti, diventerete sempre più bravi.

Uno dei trucchi è fare quello che si può e goderselo il più possibile senza aspettare grandi cambiamenti. Ogni cosa ha successo solo nella misura in cui la fate voi. Se arrivate a 1, avete avuto successo per 1. Lo stesso vale per il 10. Il successo non deve essere 100 per essere significativo.

La cosa ancora più interessante è che i nuovi cambiamenti qualitativi possono avvenire per gradi. Ogni passo porta con sé un piacere unico. Ciò significa che la sensazione di "Ah, ecco cosa significa essere liberi da entrambi i lati allo stesso tempo!" non finisce subito, ma può essere ampliata ancora e ancora. Se state leggendo queste righe e state vivendo un momento "ah-ha!" nella vostra coscienza, è possibile che il primo cambiamento qualitativo sia già iniziato nella vostra mente inconscia e subconscia. Non scoraggiatevi e non fermatevi se all'inizio non funziona.

Ci sono due fasi per imparare ad andare in bicicletta. Per una spiegazione teorica di "Permettere alla mia libertà e alla tua libertà di non essere ferita da ciò che dicono gli altri", guarda . Ora è il momento di uscire e andare su una vera bicicletta. Continuate ad andare avanti, anche se cadete lungo il percorso. Non è così che viene insegnato il ciclismo, e prima o poi vi divertirete. Chissà, potreste anche divertirvi fin dall'inizio.

È anche un "grande coraggio" essere felice nella mia vita. E non solo per me stesso, ma anche per i miei cari, la mia famiglia, i miei amici e i miei conoscenti. Quindi, incoraggiamoci.

◆◆◆

Sintesi

Un metodo efficace per le persone che si sentono facilmente ferite dalle parole degli altri è quello di "permettere la libertà degli altri e la propria libertà allo stesso tempo". È necessario lasciare agli altri la libertà di pensare, dire e fare ciò che vogliono, ma anche a se stessi. In questo modo si ottiene una prospettiva più ampia della situazione e si può rispondere in modo più libero e costruttivo. La pratica di questo metodo può sembrare imbarazzante all'inizio, ma con il tempo si assisterà a un cambiamento qualitativo nel modo in cui si affrontano le relazioni e le situazioni. È un approccio coraggioso alla propria felicità e a quella degli altri.

4.3 Come diventare indifferenti a "quei ricordi" che ci turbano

: Utilizzate questo metodo per tutti i sentimenti e i pensieri, non solo per quelli negativi.

È molto difficile provare sentimenti o pensieri indesiderati che continuano a tornare alla mente. Continuate a ricordare le parole e le azioni di qualcuno che è stato cattivo con voi qualche giorno fa e vi sentite insultati e arrabbiati ancora una volta. "Oh, avrei dovuto essere così arrabbiato o discutere allora..." o "Non posso credere che mi abbiano ignorato per niente..." o "Avrei dovuto fare questo o quello..." I ricordi continuano a tornare, proprio quando pensate di aver dimenticato, tornano di nuovo. Alcuni ricordi ci accompagnano per mesi, altri per anni, altri ancora non se ne vanno.

Sebbene ci preoccupiamo spesso dei problemi attuali e del futuro, sono le cose del passato che sembrano ricorrere con particolare forza. Le esperienze negative del passato, i sentimenti e i pensieri che abbiamo provato allora, influenzano il nostro presente. Si presentano nel bel mezzo di un buon umore, ci rovinano lo stato d'animo, ci tolgono la fiducia e ci fanno crollare l'umore. Anche se sono già passate, sono morte.

Questi sentimenti e pensieri sembrano sfuggire al nostro controllo. Non li sento e non li penso, ma sembrano sorgere dentro di me a volontà. C'è un modo per liberarmene? Devo essere sempre tormentata da sentimenti e pensieri indesiderati?

Certo che no. C'è un modo.

Per cambiare qualsiasi abitudine, sono essenziali due processi. Uno è l'"intuizione" e l'altro è l'"azione specifica". Si tratta di notare cosa c'è di sbagliato nel comportamento esistente e di utilizzare metodi specifici per cambiarlo.

- Solo perché si sente e viene in mente, non significa che sia "importante".

La nostra mente cosciente crede inconsciamente che ciò che sentiamo e pensiamo sia "importante". È una risposta inconscia, non il risultato di un pensiero cosciente, ma qualcosa che ci è stato insegnato fin dall'infanzia. Dobbiamo accorgercene chiaramente.

Così come il contenuto dei sogni è casuale, le cose che entrano nella nostra coscienza durante il giorno sono quasi altrettanto casuali. È così che le neuroscienze le interpretano. Naturalmente, se si scava abbastanza a fondo, si può essere in grado di scoprire la ragione di fondo per cui un particolare sentimento o pensiero ci è venuto in mente, ma la maggior parte delle volte non lo si sa. Proprio come non sapete esattamente perché il vostro sogno di ieri sera consisteva in quello che ha fatto. Possiamo avere diverse interpretazioni, ma sono tutte strettamente speculative.

I sentimenti, gli stati d'animo, le emozioni o i pensieri sono strani, soprattutto quando derivano da esperienze negative del passato. Perché quando studio, cammino per strada, lavoro o guido non posso fare a meno di pensare a lui e di sentirmi male? Cose che non mi aiutano affatto.

L'ho già detto, è casuale. È casuale. Non c'è una ragione. È così e basta.

Il problema è che inconsciamente o automaticamente attribuiamo a queste cose casuali interpretazioni postume come "importanti". Abbiamo bisogno di capirlo. Dobbiamo capire. E da questo momento in poi, dobbiamo essere in grado di cambiare attivamente il concetto in "anche se mi sembra e mi arriva adesso, non è importante!

Mi sto ingannando facendoli diventare importanti. Mi sto ingannando. Mi sto ingannando pensando che ci sia una ragione, un bisogno. Non facciamoci più ingannare, non sbagliamo. Se è davvero importante, dovrebbe essere forte, dovrebbe emergere, dovrebbe aiutarmi, dovrebbe migliorare o risolvere qualcosa. Ma non è così. Mi confonde solo di più e mi fa sentire peggio.

Dichiariamolo di nuovo, forte e chiaro.

"Solo perché mi fa stare bene e mi viene in mente, non significa che sia 'importante'!".

Naturalmente, anche se all'inizio lo dite, nel profondo avrete ancora quella vecchia sensazione conscia e inconscia che dice: "C'è un motivo per cui sento e penso questo, deve essere importante". È un'abitudine cosciente che si ha da anni o decenni, ed è difficile da cambiare da un giorno all'altro.

Più lo notate correttamente e consapevolmente, più velocemente cambia e scompare. Non limitatevi a dire: "È così e basta", perché in questo caso non avete alcun potere e non cambia nulla. Dovete dare potere a voi stessi chiedendovi: "Non è importante? Perché? Quello che sento e penso è davvero importante? Ci sto solo credendo inconsciamente? È davvero vero?" e poi sconfiggerlo. Se non riuscite a farlo, non potete procedere.

- Diventare sempre più insensibili a ciò che si sente e a ciò che si pensa

Ora mi è chiaro che i sentimenti, gli stati d'animo, le emozioni e i pensieri negativi che si presentano sono "poco importanti". E allora?

Anche se si ha una chiara consapevolezza, i sentimenti non

scompaiono all'istante, perché ne rimangono tracce nella testa o nel cuore. I circuiti neurali cerebrali dei sentimenti e dei pensieri sono ancora presenti. Quindi i segnali possono continuare a fluire finché non si indeboliscono in una certa misura. Quando il segnale si attiva, sento e penso di nuovo, ecco perché abbiamo bisogno di un metodo specifico.

Come elaborare correttamente ciò che si sente e ciò che viene in mente.

Si tratta di sentirlo, di pensarlo e di essere cattivi al riguardo.

Si diventa indifferenti.

Diventa indifferente.

Quando credevo che i sentimenti e i pensieri che provavo fossero "importanti", naturalmente davo loro molto peso. Così pensavo alle persone e ai comportamenti cattivi nei miei confronti, alle situazioni che mi infastidivano e alle brutte sensazioni che ne derivavano, ancora e ancora. Sciocco.

Ora so consapevolmente che non è importante e non ha senso (questa consapevolezza deve essere rafforzata più e più volte finché non diventa chiara - non avviene gratuitamente), e naturalmente do loro meno attenzione, significato, cura, energia mentale, ecc. che prima davo loro.

All'inizio c'è una certa dose di inerzia dovuta al passato, quindi potreste ritrovarvi a lasciarvi trasportare e a ricadere in vecchi schemi. Ma c'è una differenza tra sapere e non sapere. Ora lo so. Solo perché lo sento, solo perché mi viene in mente, non significa che sia importante. Piuttosto, so che non è niente, non è importante, non vale niente.

Più le cose migliorano, più mi sento in colpa nei loro confronti. Si diventa indifferenti. Si diventa indifferenti. Se non funziona, fatelo deliberatamente, perché dovrebbe. Se lo fate abbastanza volte, alla fine non li sentirete più e non ci penserete più.

- O ti interessa o non ti interessa, non ha importanza.

C'è un modo ancora più potente. Anche se li sentite, anche se vi vengono in mente, anche se continuano a darvi fastidio, il fatto che li sentiate, che vi vengano in mente, che vi diano fastidio, è la cosa stessa che vi dà fastidio. Non siate delusi o appesantiti da loro, e non preoccupatevi di non dovervi preoccupare. Questa è solo un'altra trappola.

In altre parole, vi è stato detto di non preoccuparvi di qualcosa, e ora vi preoccupate di nuovo perché vi è stato detto che non preoccuparsi non funziona. Quindi ci si blocca, ci si blocca e ci si blocca di nuovo, e ora è un peso. "Non dovrei essere coinvolto nei sentimenti e nei pensieri che si presentano, non dovrei lottare con loro e non dovrei pensarci.

Non è necessario cercare di lasciar andare i sentimenti e i pensieri. Il lasciar andare è una conseguenza del lasciar andare e non si lascia andare puntando a "lasciar andare", ma semplicemente notandolo. Riconoscerlo, accettarlo e lasciarlo andare. Se non funziona, sceglietelo e basta: il risultato è lo stesso. Invece di avere un'insistenza cosciente, uno schema, un'abitudine o un'abitudine che si aggrappa a "ciò che penso e sento è importante", scegliete "ciò che penso e sento non è necessariamente importante".

È importante notare che non stiamo parlando solo di sentimenti e pensieri negativi. Non si tratta solo di sentimenti e pensieri negativi, ma di "tutti i sentimenti e i pensieri". Come si può trattare la maggior parte dei sentimenti e dei pensieri come importanti e significativi, mentre solo quelli negativi non lo sono? Non si .

Non c'è problema se il riconoscimento è flebile e debole. Il primo passo è dire: "Oh, capisco. È così. Poi lo si rende sempre più chiaro. E poi lo si rende sempre più nitido.

Quando si scrive una cosa del genere, è inevitabile che ci sia una reazione.

"Allora, cosa vuoi che faccia? Dimmi qualcosa di specifico".

"Cerco di fare entrambe le cose, ma non serve".

Ho capito. Hai ragione. È naturale avere domande e dubbi.

La risposta è questa. Come ho detto prima, il primo passo è assicurarsi di notarlo. In altre parole, "rompere il vecchio stereotipo sbagliato e avere lo stereotipo originale giusto". Si tratta di "riconoscere" e cambiare il proprio modo di pensare. Questo è possibile perché il vecchio stereotipo in questione si è formato in voi attraverso lo stesso processo. L'abbiamo già fatto in passato, quindi possiamo farlo di nuovo. Ma questa volta potete cambiarlo. Potete cambiarlo. Fate attenzione. Non basta cambiare i pensieri. Si tratta di lasciar andare ciò che non va, in modo che ciò che è giusto possa rivelarsi da solo. Non si tratta quindi di cercare di cambiare, ma di cogliere l'originale.

È facile? Certo che no, quindi dovete cambiare e riqualificare attivamente la vostra mente e il vostro cuore. Nessun altro può farlo, tranne voi. Perché siete voi i padroni della vostra mente. Nessun altro può farlo per voi. Possono darvi consigli e conoscenze, ma dovete farlo voi stessi. Questa è una verità immutabile.

Una volta cambiata la percezione, è necessario affrontare le abitudini e l'inerzia del passato con azioni concrete. Ci vogliono ripetizioni e sforzi, ma non sarà così difficile se siete convinti di potercela fare. Quindi, non fermatevi finché non avrete varcato la soglia del cambiamento effettivo. Come avviene in qualsiasi processo di cambiamento.

◆◆◆

Sintesi

Imparare a desensibilizzare i ricordi traumatici comporta due processi chiave: la consapevolezza (insight) e i metodi specifici. In primo luogo, è necessario riconoscere che i pensieri e i sentimenti che si presentano alla mente non sono importanti. Sono per lo più casuali e privi di significato. Successivamente, è necessario praticare metodi specifici per diventare indifferenti a questi pensieri e sentimenti. Ciò significa non prestarvi attenzione, non dare loro importanza. Questo processo si applica a tutte le emozioni e a tutti i pensieri.

4.4. Quando emergono i brutti ricordi è in realtà

: Interrompere il circolo vizioso - Come smettere di rivivere ricordi dolorosi

Il cervello continua a rivivere brutti ricordi o ferite mentali del passato, anche quando siamo fermi. Naturalmente, ogni volta che un ricordo affiora, ci sentiamo angosciati. Sapevate che questa è una grande opportunità per elaborare correttamente il ricordo, o "auto-psicoterapia"? Cosa significa dire che un brutto ricordo è un'opportunità di guarigione?

- Perché il cervello ripete i brutti ricordi?

La prima cosa da pensare è il motivo per cui il passato torna alla mente: ad esempio, potrebbe essere un "meccanismo di autoprotezione" che ci ricorda eventi negativi già vissuti in modo da essere più attenti in futuro. Un'altra ragione è che la mente non riesce ad accettare ciò che è già accaduto e desidera una situazione diversa, anche solo nell'immaginazione, per cui il ricordo ricorre involontariamente. In altre parole, è un modo per alleviare un bisogno o un'insoddisfazione, ma è un errore e un'ossessione. È causato principalmente da risentimento, rabbia, tristezza, rimpianto, ecc. legati all'evento.

Innanzitutto, prendiamo il caso del "meccanismo di autoprotezione". Questo meccanismo è positivo di per sé, ma diventa problematico quando i ricordi del passato affiorano troppo spesso, il che va bene con moderazione, o quando sono appena sufficienti per evitare di passare attraverso qualcosa di simile, ma sono emotivamente pesanti o dirompenti.

Invece di lasciarsi prendere dalle emozioni associate al ricordo, ci si dovrebbe concentrare sull'utilizzo oggettivo dello stesso per aiutarsi a prestare attenzione in futuro. La risposta è riconoscere consapevolmente che questo è lo scopo e la ragione originaria della "ri-memoria" e non usarla per altri scopi. Anche se è un po' difficile, dovete farlo intenzionalmente e consapevolmente. Altrimenti, non farete altro che rivivere la stessa esperienza spiacevole e rafforzare l'esperienza interna negativa. (In realtà rafforzerà le connessioni sinaptiche del vostro cervello).

Il secondo, "desiderare una situazione diversa nel passato (cioè desiderare l'insoddisfazione)", è "desiderare l'impossibile", per così dire. Capisco il sentimento, ma è una strategia molto inefficace, o stupidamente egoista. È perfettamente possibile imparare dal passato per diventare più saggi, più fiduciosi e più preparati per il presente e il futuro. Se volete cambiare il passato, siete troppo avidi. Dovete dire a voi stessi di smettere di desiderare l'impossibile per voi stessi. Questa è una risposta veramente egoista, per il vostro bene.

Ora dobbiamo considerare un altro aspetto. Qui c'è una grande opportunità di "auto-psicoterapia".

Una delle teorie delle neuroscienze è quella della neuroplasticità. Questa teoria afferma che la rete di sinapsi delle cellule cerebrali cambia con gli stimoli giusti. Per prima cosa, guardate questa immagine

Processo di Ricostruzione della Memoria

- Quando la Memoria viene Memorizzata
- Quando la Memoria viene Recuperata

- Le sinapsi tra i neuroni sono strettamente legate.
- Quando le proteine di ubiquitina si degradano, le sinapsi si allentano e la memoria rivive.

Il punto chiave da trarre da questa semplice, ma essenziale, illustrazione è che "quando recuperiamo un ricordo, le sinapsi vengono aperte. E quando le sinapsi vengono sciolte, c'è la possibilità di riorganizzare i neuroni.

In altre parole, quando rievochiamo un brutto ricordo del passato e riviviamo l'emozione o la situazione, la rete neurale, o rete sinaptica, di quel ricordo si libera, il che significa che possiamo ricablarla. Pertanto, rivivere un ricordo, sperimentarlo di nuovo o provarlo di nuovo con forza è un'opportunità per l'autopsicoterapia.

Quanto più vividi e intensi sono i ricordi e i sentimenti rievocati, tanto meglio è, perché significa che le sinapsi sono più attive e maggiore è l'opportunità di cambiamento. Se ci si limita a pensarci o a ricordare, i sentimenti sono più deboli, il che significa che i legami sinaptici sono più deboli. Questo riduce l'opportunità di cambiamento.

Quando i brutti ricordi e le ferite del passato affiorano senza pensieri, la maggior parte di noi si blocca nelle emozioni e vi si crogiola di nuovo, "rivivendo la stessa cosa", chiudendo le reti neurali e non riuscendo a guarire e a cambiare, il che non fa che rafforzare le sinapsi delle emozioni e delle reazioni negative. Questa è la reazione che quasi tutti fanno senza pensare. Peggiora la situazione.

Abbiamo imparato il segreto per cui, quando recuperiamo un ricordo del passato, la sinapsi viene scollegata. Quando la sinapsi viene rilasciata, abbiamo l'opportunità di cambiare. Quindi, non bisogna inconsciamente, automaticamente, riesprimere e rinforzare la brutta sensazione e chiudere il ricordo, come si è fatto in passato. Invece, quando la sensazione si presenta, possiamo riconoscerla come un'opportunità di guarigione e rispondere in modo appropriato per rilasciare la connessione, in modo che mentre il fatto del passato (il ricordo) rimane lo stesso, la nostra reazione (la connessione nella rete sinaptica) sarà diversa. Quando questa reazione cambia, non importa più che il fatto passato (il ricordo) rimanga. Diventiamo sempre più indifferenti. Siamo già liberi.

- Come trasformare la ricaduta della memoria inconscia in un processo di guarigione

Che si tratti di un meccanismo di autoprotezione o di un meccanismo di bisogno, sappiamo che la riproduzione dei ricordi da parte del nostro cervello è un'opportunità di guarigione e trasformazione. Invece di rivivere e rinforzare inconsciamente i ricordi come in passato, possiamo rompere le vecchie reti sinaptiche o crearne di nuove. Come possiamo farlo in modo specifico?

La cosa più importante da tenere a mente è il "sentire". Questo perché "sensazione = accensione delle sinapsi": quando si sente A, la rete sinaptica corrispondente ad A si accende, e quando si sente B, il legame sinaptico corrispondente a B si accende. Ci sono due modi per riconoscere questa sensazione. Il primo, il più elementare, è quello dei cinque sensi, le sensazioni fisiche. Il secondo è quello emotivo, ovvero quello che chiamiamo stati d'animo e sentimenti. Ora, quando vi vengono in mente brutti ricordi, esperienze o ferite, provate a fare così.

In primo luogo, "stacca e neutralizza il sentimento passato" risvegliandolo deliberatamente.

Quando il ricordo viene riproposto, viene rafforzato dalla mente inconscia, che semplicemente ripete l'esperienza e prova le stesse sensazioni. Possiamo controllare la nostra mente inconscia con la nostra mente conscia. Anche se questi ricordi possono essere così intensi che non si può fare a meno di ricordarli. La chiave è essere intenzionali al riguardo e dire a se stessi "In questo momento sto rivivendo un ricordo. Ma non permetterò che si ripeta come prima". Pensando intenzionalmente a questo pensiero, potete gradualmente indebolire i vostri sentimenti automatici nei confronti dell'evento.

Inizialmente, la vecchia risposta può continuare a ripetersi senza grandi cambiamenti, fino a quando non viene raggiunta una soglia di cambiamento, cioè fino a quando il "cambiamento in quella sinapsi" è abbastanza significativo da innescare una nuova esperienza. Il modo più efficace per affrontare questo problema è riconoscere che si tratta di "semplice inerzia". Quando penso a quella situazione, a quella persona, provo ancora dolore, rabbia, risentimento, imbarazzo, tristezza e così via, ma è solo perché la sensazione è ancora lì, ed è solo una reazione al rilascio di quella sinapsi.

In secondo luogo, non vi interessa se lo sentite. Non diamo importanza a . Siamo noi a dargli importanza, in primo luogo.

Man mano che la vostra ri-conoscenza intenzionale diventa più chiara, la vostra risposta emotiva automatica al passato diventerà sempre più debole. Non scoraggiatevi e non arrendetevi.

Continuerete a provare emozioni fino a quando le vostre connessioni sinaptiche non saranno più o meno libere. È naturale. Se siete delusi, vi fermate, ma ora che lo sapete, se non siete delusi, potete continuare senza fermarvi.

La vostra risposta dovrebbe essere: "Lo sento, ma non mi interessa". Non gli diamo importanza. Crediamo inconsciamente che quando pensiamo o sentiamo qualcosa, è perché è importante. Quindi, avete attribuito "importanza" alle cose del passato che vi vengono in mente, ma ora non lo fate consapevolmente. Questo non vuol dire che l'evento passato in sé non sia importante e che quindi lo si debba ignorare, ma piuttosto che si deve interrompere l'abitudine inconscia di attribuire importanza all'atto del pensare e del sentire.

Terzo, pensare o provare deliberatamente sentimenti e situazioni neutre o opposte. Sebbene i primi due metodi siano sufficienti da soli a creare un effetto di autoguarigione in una certa misura, l'aggiunta di questo terzo metodo rende il cambiamento più solido. I primi due metodi spesso portano a questo processo da soli. Più si notano e si risvegliano consapevolmente le sinapsi di ansia, frustrazione, risentimento, imbarazzo, tristezza, rabbia, ecc. del passato, invece di permettere che si attivino, più si scollegano o si indeboliscono da sole. Inoltre, questa neutralizzazione e neutralizzazione può essere resa più forte. La frase comune "va bene non stare bene!" è legata a questo processo: non si tratta di una "affermazione generalizzata", ma di un'azione molto specifica che cambia effettivamente la rete sinaptica del cervello.

Una "sensazione e uno stato neutrali" sono anche una "sensazione e uno stato rilassati, calmi e sicuri". Per questo sono utili anche le tecniche di meditazione che creano questo stato. Più si creano questi stati e più si sperimentano, più si indeboliscono i precedenti ricordi ansiosi e negativi (reti sinaptiche).

Si può fare un ulteriore passo avanti immaginando o provando attivamente le sensazioni e le situazioni opposte, talvolta chiamate "visualizzazione" o "immaginazione". Si tratta di un modo per richiamare deliberatamente alla mente l'esperienza, il ricordo, la sensazione, l'emozione, ecc. opposta, positiva, invece di ripetere automaticamente le sensazioni ed emozioni negative del passato quando si rivive il brutto ricordo.

Questo metodo non è facile da applicare da soli, per cui si consiglia di rivolgersi a un professionista. Un guaritore o un consulente che sa come farlo vi darà suggerimenti o indicazioni specifiche per aiutarvi a sentire e sperimentare qualcosa di positivo e buono. Poi, con gli occhi chiusi, seguite il percorso, sentendo e sperimentando quelle sensazioni.

Ora, quando i ricordi e le esperienze spiacevoli affiorano nella vostra mente e ne rimanete coinvolti, non limitatevi a ripeterli senza pensare. Considerateli invece come un'opportunità per ri-conoscerli e cambiarli consapevolmente.

Per me, per la mia vita, è qualcosa da provare.

◆◆◆

Sintesi

Quando i ricordi negativi affiorano, è possibile utilizzarli come opportunità di guarigione. Secondo la teoria della neuroplasticità del cervello, quando si rievocano i ricordi, le connessioni sinaptiche si allentano e possono essere riorganizzate. Potete sfruttare questa situazione a vostro vantaggio in tre modi

1) Staccare e neutralizzare le emozioni passate,

2) Non date importanza alle emozioni,

3) Ricordare intenzionalmente un'emozione neutra o opposta.

Questo processo può aiutare a ridurre l'impatto dei ricordi negativi e a promuovere la guarigione psicologica.

4.5. Come liberarsi dalle emozioni negative

: Le emozioni durano perché ci aggrappiamo ad esse

Le emozioni sono una grande sfida per tutti. Non sono tanto le emozioni in sé, ma il modo in cui le gestiamo e le controlliamo. Per inciso, un gruppo di meditazione occidentale ritiene che gli esseri umani siano costituiti da tre corpi. Il primo è il "corpo fisico", quello con cui abbiamo maggiore familiarità. Questo è il corpo fisico. Il secondo è il corpo emotivo. Questo è il corpo emotivo. Il terzo è il corpo mentale. È il corpo responsabile del pensiero.

A parte il misticismo, è interessante pensare che l'essere umano sia composto da tre parti: corpo, emozioni e pensieri. In termini di cervello, le parti più profonde del cervello, il tronco encefalico e il diencefalo, corrispondono al corpo, il sistema limbico alle emozioni e la corteccia ai pensieri. Come possiamo comprendere e gestire meglio la componente emotiva che costituisce il nostro essere?

La natura delle emozioni, il loro ruolo nell'evoluzione, il loro sviluppo e il modo in cui si manifestano stanno diventando sempre più comprensibili dal punto di vista scientifico grazie alla ricerca sulla scienza del cervello, sulle influenze ormonali e altro ancora. In questo articolo vedremo come affrontare le emozioni, soprattutto quelle negative, una volta che si sono già manifestate, e come evitare simili disagi emotivi in futuro. In altre parole, il tema è "gestire le emozioni".

- Non negate, non fermate e non cercate di cambiare ciò che state già provando.

La parte più difficile nell'affrontare le emozioni negative è che non è facile fermarle o sostituirle con qualcos'altro. No, è quasi impossibile. Il motivo è semplice: l'emozione è letteralmente "già accaduta". Fisiologicamente parlando, le reti neurali che causano l'emozione si sono già attivate, gli ormoni sono già stati rilasciati e l'emozione si è già diffusa nel corpo. Non si può cambiare il fenomeno fisico con la mente. Pertanto, il primo principio da tenere a mente quando si parla di emozioni è il seguente

"Non negate, non fermate e non cercate di cambiare ciò che già sentite.

Non si tratta di capire cosa fare con ciò che si prova, ma piuttosto di smettere di cercare di fare qualcosa e di non volerlo fare. Se si cerca di fare qualcosa che è impossibile, non funzionerà e questo causerà un ulteriore dolore secondario. È già abbastanza difficile gestire l'emozione primaria, ma si sta creando un'emozione secondaria. È una perdita sotto molti punti di vista.

Tuttavia, è più facile dire che smettere di cercare di fare qualcosa per i nostri sentimenti. È a causa delle convinzioni e della testardaggine della nostra mente. Crediamo ancora di poter fare qualcosa per i nostri sentimenti e ci ostiniamo a farlo.

C'è una frase che circola come citazione di Einstein. "È folle continuare a usare un metodo che ha fallito una volta e aspettarsi che abbia successo". Non so se l'abbia detto davvero, ma è una citazione molto azzeccata. Se si sta facendo un esperimento scientifico, sarebbe folle continuare a ripetere una metodologia che ha fallito una volta e sperare che abbia successo. Lo stesso vale per la gestione delle emozioni. Se funziona, si dovrebbe continuare a provare, ma se non funziona, si sta solo causando dolore a se stessi.

Un altro motivo per cui potreste non riuscire a rinunciare a cercare di cambiare le vostre emozioni è che non permettete loro di esistere.

Non mi sto permettendo di provare quell'emozione. Permetto che esista.

Uno dei maggiori comportamenti che ci affliggono nella vita è negare l'esistenza di qualcosa che già esiste. Certo, è legittimo negare le cose che devono essere risolte o eliminate, come le contraddizioni o le disuguaglianze negli individui o nella società. Ma stiamo parlando di abitudini psicologiche personali. Non si tratta solo di emozioni. Sto parlando di persone e situazioni. Parlo anche di me stesso.

Per esempio, ci sono volte in cui si ha un rapporto con una persona della famiglia, degli amici, della scuola, del lavoro o di un'altra comunità che non ci piace o con cui non andiamo d'accordo. L'errore più grande che possiamo commettere è quello di negare l'esistenza di quella persona. "Non appartieni a questa casa, a questa cerchia di amici, a questa scuola, a questa compagnia, a questa chiesa, a questo tempio, a questa comunità accademica, ecc. "Non posso permetterti di stare qui!

Se ho il potere o la capacità, posso colpire la persona. A volte succede. Che ci riesca o meno, c'è qualcosa di importante. Il fatto che sia io che l'altra persona abbiamo un qualche ruolo nella comunità e abbiamo una posizione unica, per cui né io né l'altra persona possiamo essere facilmente messi da parte o eliminati. Non è solo una questione di individui, ma anche una questione di costruzione collettiva, in una certa misura. È come se non si potesse togliere un pezzo qualsiasi da una macchina. Se si inizia a negare l'altra persona a causa della propria posizione personale e dei propri sentimenti, la vita nella comunità diventa difficile. Naturalmente, diventa più difficile anche per l'altra persona, e poi diventa un problema organizzativo. Tutti questi sono effetti collaterali del "negare l'esistenza di ciò che già esiste". Succede perché desideriamo l'impossibile.

La cosa migliore da fare è riconoscere l'esistenza di quella persona. Si tratta di lasciar andare e permettere. Anche se la bocca può essere amara e il cuore può non volerlo, è già un grande beneficio smettere di cercare di fare l'impossibile. La vostra mente si stabilizzerà gradualmente e troverà spazio senza occupare energie inutili. Una volta liberi, è più probabile che emerga naturalmente la soluzione giusta per voi, per l'altra persona e per la comunità nel suo complesso.

Non vi sto suggerendo di sopportarlo o di evitarlo. L'evitamento non è la risposta in ogni caso, ma si tratta di alleggerire la mente per voi stessi. Allora sarete in grado di vedere soluzioni più aperte con occhi più aperti.

Una volta fatto questo, la scelta è vostra. Non ci sono limiti alle soluzioni che sceglierete. Non è necessario essere gentili. Potete tagliare i ponti, discutere con loro, dargli consigli, trasformare la situazione in un buon rapporto o, se necessario, essere indifferenti. Non importa se è negativo o positivo, purché sia il modo migliore. Basta avere la presenza mentale di permettere all'altra persona di esistere. C'è una grande differenza tra avere questo e non averlo.

Il motivo per cui questa storia è un po' lunga è che i miei sentimenti sono così. Sostituite "i miei sentimenti" con "l'altra persona" e la situazione è esattamente la stessa. Quindi, quello che dobbiamo fare per diventare "liberi dalle emozioni negative" è questo.

Non si tratta di cambiare o fermare le emozioni, ma di stare bene con qualsiasi emozione. In altre parole, si tratta di permettere a qualsiasi emozione di essere ciò che è. È accettazione. Accettazione. Non preoccuparsi. Non è né negativo né positivo, è solo sentire. Senza farsi coinvolgere.

L'"ok" qui non è ok nel senso di "ok o non ok", ma nel senso di abbracciare e andare oltre entrambi. In altre parole, è simile al termine zen buddista "nessun ostacolo". Di solito, l'aspetto più problematico di questa pratica è "rimanere bloccati nella non-ostacolarità", cioè cercare di fare qualcosa di non-ostacolante nella nostra vita quotidiana o nella nostra pratica, ma continuare a rimanere bloccati. E quando mi blocco, mi sento a disagio e in ansia, e mi blocco di nuovo. La risposta è, ovviamente, "non bloccarsi", che significa "non preoccuparsi se mi blocco". Non importa se ci si blocca o meno.

È lo stesso motivo per cui la maggior parte delle persone si sente frustrata o si arrende quando affronta un processo come quello di "liberazione dalle emozioni negative" descritto in questo articolo. Ho fatto quello che ho detto sopra e ancora "non va bene". Avete seguito le istruzioni per "sentire i sentimenti mentre si presentano e non cercare di farli sparire o desiderare che spariscano", ma non lo fanno e continuano a essere scomodi e difficili. Allora dico: "Oh, non funziona" e mi arrendo.

Non sto parlando di diventare a posto, di diventare migliori, di liberarsi dalla negatività, di diventare a posto. Nel momento in cui si desidera questo, si ricade nella vecchia trappola. Non si tratta di essere a posto, ma di stare bene. Alla fine, è "o c'è o non c'è". È molto importante notarlo.

Se si considera l'intensità delle emozioni provate su una scala da 1 a 10, se prima si lottava con un 6 o un 7, ora ci si sta abituando a sentire un 6 o un 7. Non è che non si senta nulla, ma che si sta bene con i sentimenti stessi. Non si tratta di non provare nulla, ma di essere a posto con la sensazione stessa. Un altro modo per dirlo è "disponibilità a sentire, disponibilità a sperimentare".

C'è qualcosa di più importante. Quando non riusciamo a elaborare la nostra emozione primaria e proviamo un'emozione secondaria negativa, quel momento è allo stesso tempo una crisi e un'opportunità! Perché ora stiamo vedendo l'emozione secondaria, o la freccia secondaria, per quello che è realmente. Questo è il punto in cui molte persone inciampano o si arrendono, non rendendosi conto di ciò che sta realmente accadendo. Non perdiamolo di vista.

- Non lasciate che le emozioni abbiano il sopravvento su di voi

Le emozioni secondarie sono sentimenti di delusione, rimpianto, negazione, paura, auto-recriminazione e abbandono che sorgono quando l'emozione primaria non viene elaborata o risolta correttamente. "Perché mi sento così? Dovrei essere in grado di gestire questa emozione in qualche modo, ma non ci riesco. Perché non ci riesco? Perché devo continuare a sentirmi così?" Qual è la linea d'azione migliore da seguire in queste situazioni?

Questo non è diverso dal punto precedente. Dovete solo smettere di cercare di "fare qualcosa" per l'emozione negativa secondaria. Lasciatela semplicemente essere. Si tratta di sentirla, senza negatività o positività. Essere disposti a sperimentarla. Si tratta di essere disposti a sperimentarla. Non ci si libera di essa, non la si ferma e non si fa nulla.

Questo è un grande coraggio. Allo stesso tempo, non ci si lascia coinvolgere come una volta. Non si tratta di provare delusione, preoccupazione, rabbia, impotenza, autocolpevolizzazione, ecc. solo perché si è provata quell'emozione. È solo accettare, permettere, consentire, permettere che esista. Perché? Perché esiste già.

Man mano che questa elaborazione emotiva secondaria prosegue, l'emozione primaria si affievolisce d'intensità. L'emozione è ancora presente, ma l'ansia o l'angoscia che l'accompagna si riduce. Non si tratta di "far sparire le emozioni" o di "non sentirle". Non sentire nulla non è il nostro obiettivo. Perché vorremmo essere privi di sentimenti e di emozioni dopo non essere più una pietra o un cadavere? Si tratta di sentire ma di stare bene con questo. Si tratta di stare bene con il non stare bene, di essere disposti ad accettarlo, di permetterlo.

Vi sto forse suggerendo di rimanere nel vostro attuale stato di agitazione emotiva? No, non lo sto facendo. Naturalmente, non importa se lo fate. È quello di cui parlavo prima. Ma se iniziate a gestire le vostre emozioni in modo corretto, come descritto qui, esse svaniranno. Cosa? La "risposta incondizionata alle emozioni". Le reazioni impulsive e inconsce (emozioni secondarie) alle emozioni che provate (emozioni primarie) diventano sempre meno frequenti. E quando iniziate a provare emozioni ma a non lasciarvele disturbare, la vostra mente si libera per dare risposte sempre più efficaci e pratiche.

Quindi, non preoccupatevi se nel mezzo non cambia molto. A prescindere da ciò che facciamo, le cose continueranno ad accadere nella nostra vita. Emozioni forti, conflitti emotivi, discussioni, imbarazzo, delusione, ansia, tristezza, rabbia, ecc. si ripeteranno. Invece di dire: "Non posso farlo", potete dire: "Ho ancora molta inerzia. Fermiamoci o liberiamoci più velocemente. Come posso farlo?" e usarla a proprio vantaggio. Più l'esperienza è difficile e dolorosa, più si vuole uscire dallo schema.

A questo punto, potreste chiedervi.

"Ok. Permettiamo l'emozione primaria, permettiamo l'emozione secondaria, sentiamola, e poi? Se l'emozione negativa non se ne va, se non riuscite a liberarvene, se non potete farci niente, allora a che serve tutto questo provare e lavorare? Non è forse uno spreco?".

Non è così. Tutte le sensazioni e i sentimenti fisiologici scompaiono naturalmente dopo un certo periodo di tempo dal loro verificarsi. Ciò è dovuto alla durata limitata delle risposte neurali.

Ciò significa che le risposte fisiologiche e neurologiche dell'uomo, siano esse risposte ai cinque sensi o risposte emotive innescate da ormoni e pensieri, hanno una durata di vita. Secondo alcune fonti si aggira intorno ai 90 secondi, ma in ogni caso è probabile che non sia così lunga come si pensa. Nel caso di una ferita fisica molto grande o di un grave trauma psicologico, le sensazioni e i sentimenti dolorosi continueranno e dovrete trattare il vostro corpo e la vostra mente di conseguenza. In caso contrario, tutte le sensazioni e i sentimenti che si verificano di solito scompariranno dopo pochi minuti. L "attività nervosa non può essere permanente.

Perché tante emozioni non passano mai?

Siamo noi a trattenerle, vale a dire che continuiamo a trattenere emozioni che, se lasciate in pace, morirebbero e passerebbero naturalmente. Le tratteniamo con attaccamenti, pensieri, ricordi, ruminazioni, emozioni secondarie, desideri, avidità, rimpianti, bisogni, credenze, ecc. Sia che ci abbandoniamo alle emozioni sia che le neghiamo, le stiamo comunque trattenendo. Smettiamo di farlo.

- Siate proattivi per quanto riguarda il vostro comportamento migliore

Ora che avete fatto il coping psicologico di cui abbiamo parlato, è il momento di passare al coping comportamentale vero e proprio. Permettete a voi stessi di provare ciò che sentite senza cercare di negarlo, fermarlo o cambiarlo, e affrontate le vostre emozioni secondarie, ma ora agite in modo proattivo per superare, affrontare o cambiare la vostra situazione e le circostanze!

Accettare non significa non fare nulla. È sufficiente essere proattivi nel prendere provvedimenti. Potreste chiedervi: se avete intenzione di agire comunque, perché preoccuparvi di affrontare i vostri sentimenti? Le azioni guidate da una reazione negativa all'emozione provata, dal desiderio di liberarsene, sono probabilmente impulsive o non strategiche, con scarsi risultati.

L'idea è quella di "gestire le emozioni", cioè di lasciare che siano quelle che sono, ma allo stesso tempo di intraprendere qualsiasi azione pratica per cambiare e risolvere la situazione. In questo modo sarete in grado di agire con più calma e facilità di quanto non fareste se foste presi dalle vostre emozioni. Perché il mio scopo o focus di coscienza non è più sull'emozione in sé, ma sulla soluzione pratica.

Tutto ciò che ho detto finora riguarda la gestione personale. I problemi sociali e strutturali devono essere affrontati e risolti attivamente. In generale, questi problemi sono al di là della portata degli sforzi individuali, quindi per quanto un individuo cerchi di controllare le proprie emozioni o i propri pensieri, non può fare nulla. Pertanto, tutti devono lavorare insieme per superare le contraddizioni. Questo è ciò che abbiamo chiamato "affrontare il comportamento reale".

C'è un'ultima cosa a cui pensare. Ricordate che non bisogna gestire solo le emozioni negative, ma anche le "emozioni positive".

Il motivo per cui le emozioni positive sono problematiche è che sia le emozioni positive che quelle negative sono "emozioni": sono lo stesso fenomeno con polarità diverse. Se non ci accorgiamo che anche le emozioni positive sono "emozioni da gestire" e ci identifichiamo inconsciamente con esse, le assimiliamo e ne rimaniamo coinvolti, siamo destinati ad avere una reazione simile alle emozioni negative in futuro.

Questo non significa che dobbiate ignorare, negare o non godere delle emozioni positive, perché non dovreste farlo. Ma anche se le godete, le assaporate e ne fate festa, riconoscete che si tratta di "sentimenti" in tempo reale. Si tratta di notare che non è mai la verità o tutta la verità. Poi potrete fare lo stesso con le future emozioni negative.

Per esempio, dobbiamo guardarci non solo dall'odio verso gli altri, ma anche dall'adorazione insensata. Dobbiamo diffidare non solo dei complessi di inferiorità autoironici, ma anche dei complessi di superiorità incontrollati. La stessa idea può essere applicata sia alla tristezza che alla gioia, all'odio e all'amore, all'infelicità e alla felicità. È importante rendersi conto che tutte queste emozioni relative sono lo stesso meccanismo di "emozione", che si differenzia solo per la sua polarità.

Come le emozioni negative, anche quelle positive hanno degli effetti collaterali quando sono troppo concentrate. Il primo è il dolore quando l "emozione positiva scompare. Questo può accadere quando si è eccessivamente legati a un "emozione positiva. In secondo luogo, può portare a reazioni e meccanismi di coping innaturali. È facile lasciarsi trasportare dalle emozioni positive e reagire in modo esagerato o fuori contesto. Naturalmente, le emozioni positive non devono essere tenute sotto controllo o ansiose come quelle negative. Possono essere rilassate, godute e assaporate. Si possono trattare essenzialmente allo stesso modo, utilizzando i metodi descritti sopra.

Per usare un'analogia, che si usi la vernice bianca o quella nera, il colore sul muro è lo stesso. Questo non vuol dire che dipingere sia sbagliato o che non si debba dipingere, ma che bisogna sapere cos'è la "pittura (delle emozioni)", come farla, a cosa fare attenzione e quali azioni intraprendere.

◆◆◆

Sintesi

La chiave per gestire le emozioni è non negare o cercare di cambiare ciò che si prova. Bisogna invece accettarle e permettere loro di essere ciò che sono. Le emozioni secondarie devono essere trattate allo stesso modo. Le emozioni passano naturalmente, ma persistono perché ci aggrappiamo ad esse. È importante gestire le emozioni e allo stesso tempo intraprendere azioni pratiche per migliorare la situazione. Le emozioni positive devono essere trattate allo stesso modo, evitando l'eccessiva indulgenza.

4.6 Come superare la paura istintiva dell'ignoto

: Oltre il "combattimento o la fuga" - Padroneggiare gli istinti primordiali

Gli esseri umani sono inconsciamente diffidenti o timorosi nei confronti di ciò che non conoscono o con cui non hanno familiarità. Il neutro "sconosciuto" diventa quasi automaticamente "temuto".

Non è facile avere una reazione favorevole o positiva a un oggetto sconosciuto. Ci vogliono esperienze di crescita, apprendimento intenzionale, formazione e illuminazione cognitiva per sviluppare questa reazione. Ma non c'è nulla di sbagliato in questo. È una risposta naturale e istintiva che hanno quasi tutti gli animali. In natura, gli animali dovrebbero naturalmente sentirsi in pericolo quando vedono qualcosa di sconosciuto. Potrebbe trattarsi di un pericoloso predatore. Probabilmente era necessario e utile anche per i nostri antenati. Ma nella vita civile e quotidiana non dobbiamo farci prendere troppo dalla "paura dell'ignoto". Dovremmo essere in grado di accorgerci che si tratta di un sentimento istintivo e di controllarlo, perché una reazione del genere genera paura, dolore e conflitti inutili.

C'è qualcosa che dobbiamo ricordare. La differenza è naturale. In natura, la stessa cosa è innaturale e rara. Anche il "simile" alla fine è diverso, perché è uguale e diverso nei dettagli. È solo il risultato del tentativo di trovare la stessa cosa. In altre parole, è "differenza".

- Tutte le persone sono razziste?

Come esseri umani, ci sono molti oggetti e situazioni che non ci sono familiari. Questo può essere vero per persone di età, sesso, classe, razza, ecc. diversi e anche per i fenomeni sociali. Ambienti diversi, religioni diverse, culture diverse, credenze, valori ed etica morale diversi. Questa paura e questo rifiuto sono una delle principali cause di conflitto tra individui, gruppi, società e nazioni nelle moderne società civilizzate. Quando la reazione negativa nei confronti dell'"altro" supera la soglia, porta a vari conflitti fisici e non fisici e a guerre tra individui e gruppi.

Il problema è che gran parte di questa tragedia deriva dall'errore cognitivo di dare per scontato che la "negatività istintiva che deriva dalla non familiarità" sia vera, piuttosto che il problema reale. Incolpiamo l'altra persona per il conflitto, ma spesso è solo un pretesto per la nostra resistenza, paura e rabbia inconscia e interna.

È stato pubblicato un affascinante studio di neuroscienze su questo argomento. Uno studio sul cervello è giunto alla conclusione che "tutti sono razzisti". Ai soggetti sono state mostrate immagini di persone di razza diversa, mentre le loro risposte cerebrali sono state registrate in tempo reale con la fMRI. I risultati hanno mostrato che, indipendentemente dalla disposizione abituale della persona nei confronti delle questioni razziali, tutti hanno attivato alcune parti del sistema limbico del cervello che generano sentimenti di vigilanza, tensione e negatività. In altre parole, le reazioni razziste sono la risposta istintiva di tutti alla vigilanza nei confronti di ciò che è diverso e sconosciuto.

Questo giustifica il razzismo e tutte le altre forme di discriminazione, diffidenza e paura del "non familiare" e del "diverso"? No, non lo giustifica. L'esperimento ha un risvolto: dopo la risposta iniziale di vigilanza, c'è stata una differenza nella risposta del lobo prefrontale del cervello, responsabile della ragione.

Coloro che erano più razzisti nel pretest hanno continuato ad avere le stesse reazioni negative senza alcuna risposta da parte dei lobi prefrontali, mentre coloro che erano meno razzisti hanno attivato i lobi prefrontali per annullare il loro rifiuto istintivo, cioè hanno annullato le loro reazioni istintive con il potere della loro cognizione razionale. I razzisti sono stati meno capaci di sfruttare il potere della ragione. Ciò è probabilmente dovuto a differenze personali, a differenze di valori e credenze apprese fin dalla più tenera età e a differenze socioculturali.

Ecco il punto cruciale. Un altro studio simile ha preso in esame bambini esposti a razze diverse fin dalla più tenera età, che non hanno avuto una risposta negativa del sistema limbico. Questo perché la loro coscienza e il loro cervello erano già abituati alle altre razze. In altre parole, è possibile accettare le persone diverse da noi come familiari e non come qualcosa da temere.

Non si tratta di un fenomeno esclusivo del razzismo. Lo stesso processo non avviene anche per altri generi, età, sentimenti, pensieri, credenze, valori, etica, religioni, filosofie, politiche, culture, ecc.

- Come sentirsi a proprio agio con le cose sconosciute

Che cosa si può fare in particolare per superare la reazione istintiva negativa all'estraneo?

Ogni volta che provate un sentimento negativo, "affrontatelo". Che si tratti di un'emozione, di un pensiero, di una persona o di una situazione, l'evitamento, la repressione o l'allontanamento non risolveranno il problema. Il confronto può anche essere descritto come "disponibilità a soffrire". Riconoscere e notare le cose "come sono, come sono" senza fraintenderle o distorcerle, in modo da poter rispondere in modo adeguato e senza processi inutili.

Forse il motivo per cui un problema persiste è che non lo vedo per quello che è e non lo affronto, quindi devo passare attraverso il processo di identificazione e di comprensione. Questo è il processo chiave per risolvere i problemi esterni risolvendo la psicologia negativa.

In primo luogo, riconoscete che la differenza, la non familiarità e il non sapere sono naturali.

Non dico che dobbiate accettarle o approvarle, questo viene dopo, ed è una vostra scelta accettare o meno. Ma prima di tutto, riconosciamo che in qualsiasi ambito ci saranno cose diverse, non familiari e sconosciute. Molti problemi sono causati dall'idea troppo forte che "non dovrebbe accadere".

In secondo luogo, riconoscere i sentimenti e le reazioni negative al diverso, al non familiare e allo sconosciuto come "naturali".

Molte persone non riescono a oggettivare o a circoscrivere la reazione negativa in sé, e invece si lasciano coinvolgere o si identificano con essa. Quindi reagiscono automaticamente in modo negativo. Per interrompere questa connessione, dobbiamo accorgerci consapevolmente delle nostre reazioni negative istintive. Alcune persone reprimono o evitano la negatività, ma come ho detto, la repressione e l'evitamento non sono mai una soluzione. Prima o poi la negatività viene fuori.

Soprattutto, riconoscete che le vostre reazioni negative non sono sbagliate, peccaminose o immature, ma sono semplicemente risposte naturali e istintive. Questo è il primo degli esperimenti di fMRI di cui ho parlato prima. Questa sensazione di benessere e di riconoscimento è sufficiente a dissolvere gran parte della reazione negativa e a permettervi di passare alla reazione successiva in modo naturale.

In terzo luogo, non collegare ulteriormente le reazioni negative a "paura, diffidenza o rifiuto" immaginari.

Una volta che ho notato che la mia reazione negativa è una reazione inconscia che si manifesta inutilmente, è il momento di disimpegnarsi deliberatamente e consapevolmente da essa, il che significa sentire e comprendere la reazione istintiva del mio cervello e poi usare consapevolmente la funzione razionale del mio cervello. Si tratta di notare che non ho davvero bisogno di usare la risposta negativa che ho sentito nel mio sistema limbico e di lasciarla andare. Si tratta di sapere che "non è così". Si tratta di sapere che, anche se lo sentite, non è vero, quindi non vi importa di sentirlo.

È ancora meglio se riuscite a fare un passo avanti e a renderla una reazione neutra o positiva. Naturalmente, non è sempre facile farlo con qualcosa che non vi piace o che detestate. Può richiedere un apprendimento, una pratica, un allenamento e una ripetizione costanti. Ma abbiamo il potere della mente per farlo. Usiamolo, in modo da superare la nostra istintiva diffidenza e paura delle persone, delle situazioni e di tutti gli oggetti non familiari.

◆◆◆

Sintesi

Gli esseri umani temono istintivamente ciò che non conoscono, ma è una reazione primitiva che non è più necessaria. Le ricerche sul cervello dimostrano che tutti hanno una reazione iniziale "razzista", ma che può essere superata con il pensiero razionale. Ecco come superare la paura del non familiare

1) Riconoscere che le differenze e la mancanza di familiarità sono naturali.

2) Riconoscere le emozioni negative come naturali.

3) Non associate le reazioni negative a paure immaginarie.

Questo approccio permette di superare le paure istintive e di reagire meglio.

4.7 Quanto sono disposto a "sperimentare" me stesso?

: L'arte dell'accettazione di sé

Dobbiamo chiederci.
"Quanto sono 'disposto' a sperimentare me stesso?".

In caso contrario, il
Dovreste farlo.
È una volontà di sperimentarmi.

Come avrete notato
La parte importante qui è "volenteroso".

Questo significa che, senza inutili giudizi positivi e negativi e senza pensieri, si può fare un'esperienza di vita.
È fresco, è asciutto, lo sta "attraversando" per così dire.

Non fraintendetemi,
La parola "volentieri" significa
Fate quello che volete, ma non usate
Questo non significa che dobbiate essere passivi.
Se voi, gli altri e il mondo
Se avete qualcosa da fare o da cambiare
Facciamolo. Siate liberi.
E lungo il percorso
Voi, gli altri e tutto il mondo
Si tratta di essere disposti a sperimentare e a soffrire.

Si tratta di cavalcare l'onda dell'esperienza,
È una passeggiata nella grotta dell'esperienza,
Vi porta attraverso il campo dell'esperienza,
Si tratta di godersi il gioco dell'esperienza.

Il mio corpo, i miei sentimenti, i miei pensieri, il mio comportamento,
Il mio ambiente, la mia situazione, la mia stessa esistenza.

Per tutto ciò che mi riguarda e che vivo
Ignorante, o ignorante,
Evitare, sopprimere o
Senza distorcere
Sono "disposto" a sperimentarlo prima, ad accettarlo,
Riconoscere, sentire e godere.

Uno: guardiamo il mio corpo.
Quanto sono disposto a sperimentare il mio corpo?

Ogni persona nasce con caratteristiche corporee diverse.
Alcune persone sono alte, altre basse.
Alcune persone hanno la pelle chiara e altre hanno la pelle più scura.
Alcune persone hanno capelli bellissimi, altre hanno capelli crespi.
Alcune persone sono grandi e altre sono flessibili.
Alcune persone hanno un buon cervello, altre hanno mani e piedi buoni.

Non si tratta di stabilire chi è superiore e chi è inferiore.
È solo varietà, libertà e natura.

Molti direbbero
Sognare uno stato diverso da quello in cui ci si trova
Lo si invidia e allo stesso tempo ci si allontana dal proprio corpo.

Non è necessario.
L'invidia non fa che sprecare energia   mia vita.
L'antica leggenda delle mogli dice che l'invidia è
Ha anche detto: "Fateli uscire dal corridoio in cui si trovavano".
È un'intuizione saggia.

Non farlo,
È il corpo con cui siete nati, il corpo con cui vivrete per il resto della vostra vita.
Bisogna solo essere "disposti" a sperimentarlo.
Se non vi piace al 100% e
Anche se si desiderano caratteristiche fisiche diverse,
Tuttavia, sono disposto a convivere con questa esperienza.
In alcuni casi ciò può non essere facile, ma la
Non è impossibile.

Volontà di sperimentare" significa
Perché le condizioni sono buone, perché mi piace, perché è superiore
Non è un'esperienza.

Volontà di sperimentare" significa
Mi piace e non mi piace,
Bello e brutto,

Superiorità e inferiorità,
Mi piace e non mi piace,
A prescindere da tutto questo, il
È un'esperienza.
Abbracciare le condizioni e andare oltre
Significa che siete disposti a sperimentarlo.

Due: guardiamo alle mie emozioni.
Mi sto prendendo cura dei miei sentimenti?
Lo ignoriamo o lo liquidiamo come un non problema?
Le mie emozioni, i miei stati d'animo e i miei sentimenti sono
Per me è la "voce della vita",
È l'influenza degli altri e del mondo.
Oppure si può impostare il proprio
Ti dici: "Non dovrei sentirmi così".
Oppure possono ignorare o disprezzare se stessi e utilizzare
State reprimendo o evitando?

Non dovresti.
Non importa cosa dicono gli altri e il mondo
Le mie emozioni, i miei sentimenti, sono per me verità universali.

Si noti che questo non significa che
Mi faccio prendere dalle mie emozioni, dai miei stati d'animo, mi faccio prendere dalle
Non sto dicendo che sia la migliore e assoluta.
È piuttosto il proprietario dell'emozione che io
Si diventa schiavi delle proprie emozioni.

Basta conoscerli "così come sono", sentirli,

Ricevere e curare.

Allora le mie emozioni saranno

Fiorisce da sola, guarisce da sola e passa da sola.

In effetti, è impossibile evitare che le emozioni abbiano la meglio su di voi.

Le emozioni passate

È solo qualcosa a cui ci aggrappiamo o a cui pensiamo continuamente.

Quindi lasciate perdere e riducete le risposte di follow-up.

Le emozioni non sono io.

Le emozioni sono un modo utile di vivere

È solo uno strumento.

Sono il padrone delle mie emozioni e

Qualunque sia l'emozione che provate e che vi scorre dentro

Non vedo nulla di sbagliato.

Inoltre,

I miei buoni sentimenti e il mio umore sono ben accolti.

I miei aspetti negativi sono

La quantità di cose che ho tralasciato, ignorato o non presentato.

Non lo stai gestendo?

Non facciamolo.

Coinvolti da loro, influenzati da loro

Non sto dicendo di essere negativo.

Le ferite sul mio corpo sono mie

Come prendersene cura e curarlo per migliorarlo.

Le emozioni e i sentimenti negativi che sono le cicatrici del mio cuore.

È anche mio, quindi

Riconoscerla e accettarla come una ferita fisica,

Prendiamoci cura di loro e curiamoli.

Identificandomi con l'emozione

Non fatevi prendere dalle emozioni e non fatevi prendere dalle

Come proprietario, consapevoli e sensibili,

Se siete gentili con loro, se siete gentili con loro, se li riconoscete.

Le emozioni passano e si liberano.

Tre, vediamo cosa ne penso.

Ho messo i miei pensieri in

Quanto sono disposti a sperimentarlo?

Durante il giorno di veglia

E proprio adesso, mentre state leggendo questo

I pensieri vanno e vengono continuamente.

È quasi una funzione automatica del cervello.

Piuttosto che quello che pensavo

I pensieri vengono da sé

Passa attraverso lo schermo della mia coscienza.

Essere disposti a sperimentare i pensieri,

La prima cosa da fare è essere consapevoli dei miei pensieri.

Cosa penso.

Poi, notate la stagnazione dei vostri pensieri.

Sono io il padrone dei miei pensieri, non i miei pensieri.
Che i pensieri sono solo strumenti di me e della vita.

Quindi, qualsiasi pensiero vada e venga
senza essere negati o bloccati in
Siate sani, orgogliosi e lasciate che i vostri pensieri
Sono felici di farvi fare esperienza.

Quindi,
Piuttosto che reagire automaticamente alla prima cosa che vi viene in mente
Si tratta di sfruttare e utilizzare questo pensiero.

Se questo pensiero è utile e vi serve, usatelo bene,
Se vi viene in mente ma non serve a niente
Lasciarsi andare.
Poi il pensiero passa.
Se non lo prendo, passa.

Naturalmente, i pensieri inutili possono tornare a insinuarsi.
E loro diranno: "Oh, ci risiamo".
Non ho sentimenti negativi o positivi nei suoi confronti, l'ho semplicemente lasciato andare.
È stato un piacere rivederla, arrivederci.

Perché non sono io.

Quanto più sono disposto a sperimentare i miei pensieri in questo modo

Sono diventato sempre più padrone dei miei pensieri, usandoli e
Non vi farete ingannare dai vostri pensieri.

Quattro, osservare il mio comportamento, l'ambiente e la situazione.
È sufficiente fare buon uso di una sola regola.
È una distinzione tra il mio lavoro e l'opera di Dio.

Siamo responsabili del significato e delle conseguenze delle nostre azioni.
Preoccuparsi troppo.
Stiamo facendo un buon lavoro?
Ha senso
Il risultato sarà buono, ecc.

Lo stesso vale per le persone e le situazioni che vi circondano.
Come reagiscono gli altri,
I sentimenti, i pensieri e i comportamenti degli altri
Desidero che le cose siano come voglio io.

Anche gli altri ambienti e le situazioni che vi circondano sono
Per quanto possibile
Si vuole che sia strutturato e fluido.

Tuttavia, non possiamo usare "il mio lavoro" e "il mio lavoro".
Fare cose che non vi riguardano o che non sono "affari di Dio".
Occorre fare una chiara distinzione.

L'"opera di Dio" in questo contesto è

Non sto parlando di qualcosa di religioso.
Tutto ciò che non è "il mio lavoro".

Sulle conseguenze delle proprie azioni, delle altre persone, degli ambienti e delle situazioni.
Non siamo affari miei,
Anche le cose per le quali non posso fare niente
Lei presume arrogantemente che sia "il mio lavoro" e
Siete inquieti e non sapete cosa fare.

Le cose di Dio che non posso toccare
Quando iniziate a farlo diventare il vostro lavoro
Inizia il nostro dolore.
Faccio solo il "mio lavoro",
Solo quello che posso fare
Fate del vostro meglio.
La prossima "opera di Dio" è
Lascia fare agli dei.
Anche lui deve avere qualcosa da fare.
Daglielo.

Allora tutto ciò che non è vostro è
Seguirà il flusso.
Ricordate sempre questa saggezza di vita.

Infine, guardiamo alla mia presenza.
Le mie sensazioni, i miei pensieri e i miei comportamenti di prima
La somma di tutti i totali di cui sopra
È la mia esistenza.

Sono disposto a sperimentare il mio pieno essere?
O forse si accettano alcune parti, ma non la
Alcune parti sono in abnegazione
Lo state evitando, ignorando, facendo finta che non esista?

Se esiste una cosa del genere
Ora, se siete disposti a sperimentarle una per una e
Prendiamo il controllo.

Naturalmente, se si vuole cambiare le cose per gli altri e per il mondo
Facciamo tutto il possibile per cambiare anche questo.
È un diritto che tutti noi meritiamo e una
Perché è nostro dovere.
Le risposte e le azioni proattive sono anche
È inclusa la disponibilità a fare esperienza.

Allo stesso tempo, il
Indipendentemente dagli altri e dal mondo
Ho messo tutti i miei
Vivere una vita di disponibilità all'esperienza.

E il
Infine, il
Gli altri e il mondo
Abbracciare volontariamente
Siate disposti a lasciar andare.

◆◆◆

Sintesi

Essere disposti a sperimentare se stessi è la chiave dell'accettazione di sé. Significa sperimentarsi così come si è, senza giudicarsi. Questo processo coinvolge tutti gli aspetti di voi stessi: corpo, emozioni, pensieri, comportamenti e ambiente. L'importante è sperimentarsi "volentieri", il che significa accettare tutte le condizioni, a prescindere dalle preferenze o dalle antipatie. È anche importante distinguere tra ciò che è affar vostro e ciò che è affar di Dio, in modo da non preoccuparvi inutilmente di cose che non potete controllare. In definitiva, se siete disposti a sperimentare e ad accettare tutto il vostro essere, vivrete una vita più ricca.

Capitolo 5 A coloro che sognano di essere protagonisti delle relazioni

5.1 Un messaggio per chi dice di non essere protagonista

: Sfatare il mito del protagonista - Spostare l'attenzione dal protagonista al regista della vostra vita

Un musicista sta suonando in un elegante music hall.
Sta suonando un bellissimo violoncello.
Il pubblico è ipnotizzato dalla performance.

In questa situazione, il
Chi è l'eroe?

Nessuno è il protagonista.
Allo stesso tempo, tutti sono protagonisti.

Scegliere un protagonista, se necessario.
Tuttavia, non fatelo se non è necessario.
Sarò l'eroe se ne avrete bisogno.
Se non ne avete bisogno, fate di qualcun altro il personaggio principale.
Pertanto, non c'è un protagonista,
È solo un'impostazione che può essere presente o assente.

Che siate artisti, spettatori, membri dello staff o chiunque altro, il
A prescindere dalla qualifica o dal vincolo di "protagonista",
Che ci si consideri o meno un protagonista
Potete essere sicuri di voi stessi e non omologati.

È così anche nelle nostre relazioni, nelle nostre vite e nel nostro lavoro.

Abbiamo,
Al di là dell'eroe o del cattivo
È il padrone di tutte queste impostazioni.

Nelle relazioni, nel lavoro e nella vita quotidiana, cerchiamo costantemente di capire chi è più importante, più centrato, più significativo, ecc. A volte lo facciamo a voce alta, a volte in privato, a volte consapevolmente, a volte inconsapevolmente.

È possibile fare questa distinzione tra due persone in una relazione, o anche tra alcuni amici. Per non parlare dei gruppi. È una sorta di "confronto mentale", ovvero l'atto di determinare il significato o il valore di una persona.

L'abitudine al confronto non fa eccezione. Anche se siete un "protagonista" invidiato da tutti, quando frequentate un gruppo di persone simili a voi, vi chiederete chi è il nuovo protagonista e se potete diventarlo. Questo è anche il caso del problema dei suicidi degli studenti delle università prestigiose negli Stati Uniti. Quando le persone che sono state trattate come le migliori nelle loro rispettive posizioni si riuniscono in un unico luogo, istintivamente confrontano chi è il protagonista, e coloro che sentono di non esserlo finiscono per scegliere la morte a causa della pressione e dello stress delle capacità, della posizione e dell'esistenza.

Questo "confronto tra vita e vita" è un gioco mentale che si svolge ovunque.

Pensateci.

Cosa sono questi ambienti chiamati "protagonista" e "non

protagonista"?

Ha un significato e un valore reale?

Qualcuno potrebbe dire: "Non mi interessa essere il personaggio principale in nessuna relazione, gruppo o situazione. Non mi interessa essere al centro dell'attenzione in nessuna relazione, gruppo o situazione". Ma la parola "centro dell'attenzione" è una sorta di espressione simbolica. Significa "colui che è più significativo, colui che è più importante, colui che ha più valore, colui che viene trattato meglio", ecc. Non sono molte le persone che non si preoccupano di queste cose.

Al contrario, potreste dire: "E se fossi esigente? Non è una supposizione cognitiva? Sì, lo è. Può essere naturale. Il problema è quando la mente ne soffre. Se non ci sono preoccupazioni, difficoltà o lamentele, allora non c'è alcun problema. D'altra parte, se siete infastiditi dall'essere protagonisti, se siete turbati e se qualcosa vi turba, allora dovete risolvere il problema.

La prima risposta è questa.

In ogni momento della vita, in ogni situazione, non c'è un eroe.
Pertanto, non esistono non-protagonisti.
Siamo sempre presenti e orgogliosi a prescindere.

Non è che non ci sia un protagonista, è che non esiste un protagonista. È che non gli interessa quel concetto. Non gli interessa, non lo tocca. In altre parole, va oltre il nome "protagonista", che è il nome che diamo a qualcuno che è più importante, significativo o prezioso in primo luogo, e l'atto di discernimento stesso. Si tratta di notare che si tratta di una necessità, ma non di un assoluto. Non ha alcuna importanza se c'è un vero protagonista o meno. Chiunque può e deve farlo, se necessario.

Ci sono sicuramente persone che sono più attive, che sanno di più, che sono più proattive, che sono più importanti. Cosa significa? Sì, ci sono persone così. Ma etichettarle con un nome come "protagonista" non ha nulla a che vedere con la loro vera natura. Lo stesso vale per i non protagonisti. Se non c'è un protagonista, non c'è un non-protagonista. Siamo quello che siamo, con o senza quelle restrizioni, impostazioni e limitazioni.

Se siete un po' meglio o un po' peggio, è così e non c'è bisogno di esserne particolarmente orgogliosi o intimoriti.

Ciò con cui lottiamo non è tanto chi è il protagonista, ma la sensazione e il pensiero che "io non sono il protagonista" o "io non sono importante". Nessuno è esente da questa psicologia. Soprattutto quando si è il "non-protagonista", o "nessuno", in un posto dopo l'altro, specialmente nelle relazioni, ci si sente depressi, psicologicamente ritirati, autoironici, delusi, impotenti, incompetenti e soli.

Per esempio, le celebrità spesso soffrono di disturbo di panico. Si tratta di una condizione in cui il senso di sé di una persona si gonfia eccessivamente quando è sotto i riflettori, per poi crollare quando la gente smette di acclamarla. A volte è dovuto all'ansia, ad esempio: "E se ora mi riconoscono e poi scoprono che non sono bravo in niente?".

È un problema che non riguarda solo gli adulti della società, ma di recente anche i bambini sono diventati vittime di questa psicologia negativa. Le ricerche hanno dimostrato che i bambini coreani soffrono di "sentimenti negativi verso se stessi", soprattutto a causa del confronto e della competizione, in misura molto maggiore rispetto ai bambini di altri Paesi. Soffrono inutilmente.

Tutti noi abbiamo capacità, gusti e inclinazioni diverse e tutti abbiamo avuto esperienze di "minore importanza" qua e là. Lo stesso vale per l'esperienza di essere una "persona più importante". Non c'è nulla di sbagliato in questo in sé. È la creazione, la discriminazione e il confronto consapevole tra "la persona principale, più importante e significativa" e "la persona meno importante" a creare il problema.

L'analogia è che sono in piedi su un pavimento bianco senza nulla di disegnato, e all'improvviso io o qualcun altro disegniamo un cerchio intorno a me, e mi ritrovo intrappolato al suo interno. Un cerchio chiamato "protagonista" e talvolta "non protagonista". Si può uscire dal cerchio se non è necessario, ma non si può. Non è che non si possa uscire, è solo che si crede di non poterlo fare. Inoltre, non dovete necessariamente liberarvi del cerchio. È sufficiente rendersi conto che non è importante che ci sia. Si tratta di usare il cerchio a proprio vantaggio.

Esiste un famoso esperimento noto come "esperimento del barattolo di vetro". Una mosca viene posta all'interno di un barattolo di vetro e l'apertura viene coperta con una lastra di vetro. La mosca cerca di uscire più volte, ma ogni volta colpisce il vetro. Alla fine, la mosca rimane bloccata all'interno del barattolo. Rimuovete quindi il vetro. L'ingresso è ora aperto, ma la mosca può ancora arrivare solo fino a un certo punto prima di volare di nuovo all'interno del barattolo, non fuori.

Questo è un esperimento reale, ma è anche una metafora in sé. Sulle "lastre di vetro della mente" da cui crediamo di "non poter uscire", invece di non uscirne.

- Ancora una volta, chi è il protagonista?

Torniamo alla scena del violoncello all'inizio.

Chi è l'eroe?

Se il recital è molto importante per l'esecutore, fatelo diventare il personaggio principale. Se si tratta di una festa di compleanno, di un ricevimento di nozze o di un pubblico speciale, il protagonista è la persona o il pubblico. Anche in questo caso, dipende dalla situazione e dalle vostre esigenze.

Non c'è bisogno di negare, rifiutare o dire che il protagonista è un'ambientazione. Se ne avete bisogno, createlo e usatelo, ma se non ne avete bisogno, notate che è "solo un'ambientazione". Più lo noterete chiaramente, più le reazioni inutili scompariranno lentamente.

Da un lato, penso.

Cos'è un concerto senza pubblico? Senza gli artisti, che motivo avrebbe il pubblico di essere presente? Lo stesso vale per lo staff dell'evento. E gli strumenti e, soprattutto, il suono? Il concerto è il risultato di tutti questi elementi. Nessuno di questi elementi può esistere indipendentemente. La suddivisione in artisti, pubblico, personale, strumenti e così via è solo una questione di convenienza. Tutti sono necessari allo stesso tempo, quindi la distinzione tra protagonista e non protagonista è essenzialmente priva di significato.

In un certo senso, ogni evento della nostra vita è un nuovo concerto di violoncello. Le relazioni, le famiglie, gli amici, le riunioni, le scuole, le aziende, le comunità e tutti i fenomeni, le relazioni e le cose che vi accadono, cerchiamo di essere disposti a viverli così come sono. Non lasciamoci intrappolare in contesti inutili, in cerchi senza senso, dietro a un vetro che non c'è, e sappiamo che non importa se c'è.

Siamo noi i creatori di tutti questi ambienti e cerchi, non siamo noi a rimanervi intrappolati. In effetti, è impossibile rimanervi intrappolati. Anche nell'ambientazione "protagonista".

◆◆◆

Sintesi

Il concetto di "protagonista" è in realtà privo di significato. Non è necessario designare qualcuno come protagonista in ogni situazione, e lo si può fare solo quando è necessario. Ciò che conta non è chi è protagonista o meno, ma che ognuno possa essere sicuro e orgoglioso del proprio ruolo. Siamo noi i padroni di questi ruoli e dobbiamo smettere di fare paragoni e distinzioni inutili. Ogni aspetto della vita è come suonare un nuovo violoncello, tutti gli elementi sono necessari e importanti allo stesso tempo, e noi siamo i creatori di queste impostazioni e confini, quindi dovremmo vivere la nostra vita liberamente e con fiducia.

5.2 Non svendere te stesso

: L'arte del rispetto di sé - Corpo, emozioni e pensieri

Se avete l'impressione di essere ignorati da qualcuno o dalle persone a cui appartenete normalmente, c'è qualcosa che dovete vedere prima.

Di solito diamo la colpa agli altri o alla situazione. Le altre persone e le circostanze mi ignorano quando nella mia mente sto pensando, esprimendo e agendo correttamente.

La responsabilità di tutto ciò che ha a che fare con "me" è esattamente 50/50: metà responsabilità mia e metà responsabilità esterna. E le due cose sono inestricabilmente legate, quindi quando una cambia, cambia anche l'altra (in questo senso, si potrebbe dire che sono responsabile al 100%).

Se vi sentite sminuiti e non rispettati dagli altri nella vostra vita, invece di essere trattati con rispetto e maturità, la causa è molto semplice.

Questo perché siete voi che continuate a darvi via a "buon mercato", in primo luogo.

Non sembra troppo ovvio? Sulla carta, sì. Ma il modo in cui lo guardiamo è diverso. Ci sono molti tipi diversi di "sminuire" noi stessi agli altri e al mondo. Consideriamo tre aree: il corpo, le emozioni e i pensieri. A volte si verificano tutti e tre insieme, a volte solo uno.

Quando si dà via il proprio corpo, si permette letteralmente agli altri di farne ciò che vogliono. Naturalmente, non significa che vi permettete di essere toccati o molestati. Sto parlando di tutte le attività e i comportamenti che fate con il vostro corpo nella vostra vita.

Dare via le proprie emozioni significa sminuire i propri sentimenti e le proprie reazioni. È sminuirli. A me stesso. Così gli altri non tengono conto del vostro lato emotivo o lo ignorano. Non c'è motivo per cui gli altri debbano apprezzare ciò che apprezzate voi.

Non vi sto suggerendo di diventare una persona egoista che è fedele solo ai propri sentimenti e li apprezza. Quello che sto dicendo è che dovete prima riconoscere che le vostre emozioni sono una parte importante della vostra vita e dei vostri compagni, e che dovete sentirle, riconoscerle, esprimerle e liberarle.

Se non vi occupate prima di tutto dei vostri sentimenti, gli altri penseranno che non sapete o non vi interessa. Purtroppo nessuno di noi è telepatico. Quindi gli altri, involontariamente, non tengono conto di voi e dei vostri sentimenti. Pensano che siate tirchi.

Infine, dare un'idea significa essere troppo attaccati o ossessionati dalle proprie idee, opinioni o prospettive per poterle esprimere in modo oggettivo. Pertanto, è importante essere in grado di esprimerle e presentarle abbastanza bene da ricevere il loro "valore" come "fattore oggettivo" che andrà a beneficio vostro e degli altri.

È facile da capire con un esempio. Ad esempio, A vuole scalare una montagna. B vive di fronte alla montagna. C vive a sinistra della montagna e io vivo dietro la montagna. Ora, B, C e io diciamo ad A cose diverse sulla posizione della montagna per aiutarlo. Se A è saggio, può ascoltare tutti e tre e capire esattamente dove si trova la montagna. E se non esprimo correttamente i miei pensieri, dando la priorità a quelli di B o C rispetto ai miei? Questo può causare problemi. I miei pensieri devono anche essere espressi o presentati in modo da avere un valore come "fattori oggettivi" che aiutino gli altri. Sia per me stesso che per gli altri.

Diamo un prezzo al nostro corpo, alle nostre emozioni e ai nostri pensieri, e poi diamo un prezzo agli altri e al mondo, e lasciamo che gli altri diano un prezzo a noi.

◆◆◆

Sintesi

L'abitudine di sottovalutarsi può manifestarsi in tre ambiti: il corpo, le emozioni e i pensieri. Può trattarsi di trattare male il proprio corpo, di trascurare i propri sentimenti o di non esprimere i propri pensieri. È importante riconoscere ed esprimere il proprio valore. Questo non significa essere egoisti, ma valorizzare tutti gli aspetti di sé ed esprimerli in modo appropriato. Gli altri vi rispetteranno nella misura in cui voi rispettate voi stessi, e voi dovreste riconoscere il valore degli altri.

5.3 Come gestire le "opinioni contrarie" che ci tormentano

: L'arte di rispondere, non di reagire

Il dissenso brucia sempre. Come reagite e come vi comportate quando qualcuno non è d'accordo con le vostre opinioni, i vostri pensieri o le vostre espressioni? Anche i migliori amici possono litigare per un disaccordo, e il disaccordo può ferire l'altra persona e porre fine alla relazione.

Al giorno d'oggi ci sono molte opportunità di esprimere le nostre opinioni sui social media e altrettante di ricevere reazioni. A volte si tratta di una lotta, con opinioni opposte che possono essere un po' "amare". Naturalmente, lo stesso vale anche offline.

La prima cosa che accade di fronte a un'opposizione è una "risposta fisiologica". È la reazione fisica del corpo. Si tratta di una risposta eccitatoria del sistema nervoso autonomo, principalmente la risposta tensiva e la risposta simpatica. A seconda dei meccanismi fisiologici con cui ogni persona è nata, il grado e l'intensità della reazione variano: improvvisamente, i muscoli di tutto il corpo possono tendersi, può insorgere una vaga sensazione di disagio nella parte inferiore dello stomaco e il cuore può battere nel petto. Anche il viso può essere arrossato e bruciare. Oltre a queste reazioni fisiologiche, si possono provare anche sentimenti di disagio, frustrazione e rabbia.

Sono tutte reazioni perfettamente naturali. Non è perché sono piccolo, debole, arrogante, giovane o stupido. È quello che proverebbe qualsiasi essere vivente.

Naturalmente, la risposta fisiologica e psicologica iniziale può un giorno essere indebolita dall'allenamento o dall'intuizione, ma questo non deve essere l'obiettivo. Anche un'ameba, un organismo unicellulare, ha una reazione quando urta qualcosa. Le reazioni sono così naturali che sarebbe strano non averle.

Ci sono anche prove provenienti dalle neuroscienze. Le ricerche più recenti dimostrano che le parti del cervello che rispondono agli ostacoli psicologici e fisici sono le stesse. La stessa parte del cervello che risponde quando una persona incontra un ostacolo fisico sulla strada è la stessa parte del cervello che risponde quando una persona incontra una minaccia astratta, psicologica, un'opposizione o un ostacolo alla sua religione, alle sue idee o al suo gruppo.

Sono le reazioni secondarie a essere più importanti: le reazioni secondarie alle nostre risposte fisiologiche e psicologiche. Come reagiamo alle naturali sensazioni di conflitto e resistenza che sorgono quando i nostri pensieri avanzano e si scontrano con altri pensieri.

Le reazioni secondarie più fastidiose sono le "reazioni emotive" secondarie. Le risposte fisiologiche primarie sono puri segnali, né buoni né cattivi, ma noi li interpretiamo e li sentiamo principalmente in modo negativo (soprattutto in opposizione). Questa "interpretazione e sensazione negativa" diventa la nostra risposta secondaria.

La prima reazione è letteralmente la prima reazione pura. È ciò che accade quando due oggetti di direzione diversa si scontrano, quindi è solo accettare, riconoscere, accettare e abbracciare le cose così come sono, così come si sentono. Senza preoccuparsi della reazione in sé. La si "usa" e basta. Come un'ameba, c'è qualcosa davanti a te e tu puoi saltarci sopra, aggirarla o tornare indietro dall'altra parte. Questa è la risposta.

A differenza della prima reazione, che è inevitabile, la seconda reazione è controllabile, cioè può essere migliorata con i nostri sforzi.

Se non funziona, possiamo riprovare nel terzo e nel quarto turno.

Di solito, la reazione primaria alle cause di forza maggiore è quella di cercare di fare qualcosa o di rifiutarsi psicologicamente di accettarle, con conseguenti problemi di ogni genere. Queste sono tutte reazioni secondarie. Notate questo: la reazione secondaria è essa stessa un rifiuto di riconoscere come naturale la reazione primaria. Sono tutte reazioni che seguono perché la reazione primaria "deve essere affrontata". È così insidioso che passa per lo più inosservato.

La reazione secondaria più comune all'opposizione è una sensazione negativa su se stessi: "Sono abbastanza bravo? Sono insignificante? Cosa ho fatto di male? Cosa vedono in me? Non mi riconoscono?" e così via. L'opposizione, il conflitto e la resistenza non hanno affatto a che fare con "me". È solo un altro pensiero che si scontra con un altro pensiero. Certo, c'è un processo di identificazione con il pensiero come entità che lo contiene e lo esprime, ma a prescindere da questo, il pensiero non è me. Molte persone sviluppano la situazione mettendo in relazione l'opinione contraria con il loro "io" piuttosto che con il loro "pensiero", e poi si confondono.

Ad esempio, lancio una palla e la palla di qualcun altro colpisce la mia. Potrei arrabbiarmi o offendermi per l'evento inaspettato. Ma fondamentalmente la palla è la palla e io sono io. Potrei dover restituire la palla, ma il "me che ha lanciato la palla" non ha essenzialmente nulla a che fare con la collisione.

Un'altra reazione secondaria è un sentimento negativo nei confronti dell'altra persona: "Cos'è quel tipo, perché mi odia, perché è così negativo, perché ha il pensiero corto, perché è così strano, mi vendicherò, ci vediamo dopo, sei finito" e così via.

Per usare un'altra analogia, i pensieri espressi dall'altra persona sono la palla che lancia. Così come la persona non è la palla, i pensieri della persona non sono la persona. Di solito attacchiamo "quella persona", la odiamo o ci arrabbiamo con lei, e poi ci confondiamo di nuovo.

Naturalmente, in alcuni casi non si tratta solo di esprimere un'opinione, ma di qualcosa di serio. In questi casi, è necessario essere proattivi e agire. Non fraintendetemi, non sto suggerendo di non fare nulla. Questo articolo parla di come sia meglio intraprendere la strada migliore, ma tenendo conto del proprio cuore.

La maggior parte del dissenso che incontriamo nella nostra vita quotidiana è "solo una differenza di opinione". Le differenze di opinione raramente creano nuove situazioni problematiche. Eppure, non siamo in grado di tollerare e accettare nemmeno le "differenze di opinione". Diventa una sorta di dittatura mentale. Se si avesse il potere, si potrebbe voler distruggere o cancellare tutti gli altri pensieri. Si è già diventati dittatori nella propria mente. Naturalmente, finché non lo esprimo nel mondo reale, non mi dà fastidio, ma mi dà fastidio.

Quindi, come abbiamo visto, ci sono due punti per contrastare l'obiezione.

In primo luogo, accettiamo, comprendiamo e riconosciamo come naturali le reazioni primarie di conflitto e resistenza, in modo da non passare a reazioni successive non necessarie.

In secondo luogo, affrontare adeguatamente le reazioni secondarie, che sono interpretazioni e sentimenti aggiuntivi della reazione primaria. Siate disposti a vivere le cose così come accadono. In altre parole, non siate indifferenti. Lasciate che accada o non accada, lasciate che sia, che fluisca e passi naturalmente. Notate che non state controllando, cambiando o eliminando direttamente la reazione secondaria. L'intenzione è essa stessa una reazione secondaria. La chiave è vedere le reazioni secondarie non gestite e non controllate con la stessa naturalezza con cui vedreste le reazioni primarie. Una volta fatto questo con la mente, potete fare il lavoro esterno vero e proprio.

◆◆◆

Sintesi

Ci sono due punti chiave su come gestire le opinioni contrastanti. In primo luogo, è necessario accettare e comprendere la naturale risposta fisiologica al conflitto e alla resistenza. In questo modo si evitano inutili reazioni successive. In secondo luogo, è necessario gestire le reazioni secondarie, che sono ulteriori interpretazioni e sentimenti relativi alla reazione primaria. È importante accettare le reazioni secondarie così come sono ed essere indifferenti ad esse. Le reazioni secondarie incontrollate devono essere considerate altrettanto naturali delle reazioni primarie. Allo stesso tempo, i comportamenti esterni devono essere affrontati come necessario. Questo approccio contribuirà a ridurre i conflitti inutili e lo stress causato da opinioni contrastanti.

5.4 Non essere più una "persona facile da manipolare"

: Oltre la cornice - Costruire l'indipendenza e la fiducia in se stessi

In un certo senso, la vita è un gioco infinito di inquadrature. Per "cornice" intendo "cornice mentale". È una battaglia su quanto riuscite a intrappolare l'altra persona nella vostra cornice o su quanto riuscite a essere liberi dalla cornice dell'altra persona.

Le cornici esistono in ogni ambito della vita. Tutto, dall'immagine che si ha di sé, all'ambiente in cui si vive, al valore, alle capacità e all'esistenza, ai valori, alla prospettiva sul lavoro, alle relazioni e alla vita, ai vari punti di vista morali, etici, religiosi, filosofici e scientifici. In breve, è "un punto di vista particolare in tutti gli ambiti".

In teoria, vincere una guerra di frame è semplice. Non bisogna farsi prendere dal framing dell'avversario. Non si rimane intrappolati in esso. È facile da dire. Ma nella realtà, le persone e le situazioni possono trascinarvi senza preavviso. È come un incantesimo.

Perché si trascurano i seguenti fatti

Le cornici non sono "fatti assoluti". Sono solo "cornici di pensiero".

Le cornici presentate dagli altri e dalla società sono solo le "loro cornici". Ci possono essere altre cornici più vere, o più pratiche e significative, a seconda della situazione. E il fatto che siano esterne non significa che si debbano rifiutare tutte. Se una cornice è oggettivamente più accurata o vantaggiosa della mia, dovrei essere disposto ad accettarla e a usarla a mio vantaggio.

Il problema è quando non lo fanno. Spesso mi ritrovo intrappolato in una cornice che mi viene imposta dall'esterno, anche se non è utile, imprecisa o addirittura sbagliata. No, "intrappolato" non è la parola giusta. È più come se mi "mettessi in quella cornice".

Si tratta di un processo molto insidioso. Deriva dalle abitudini umane di conversazione, in cui diamo quasi automaticamente per scontato che ciò che l'altro dice sia vero. Questo rende il dialogo scorrevole e utile. Tecnicamente, però, si tratta di una "montatura" che abbiamo creato per noi stessi. Abbiamo scelto di farlo per facilitare il dialogo e la comunicazione. A un certo punto dimentichiamo che si tratta di una nostra scelta e iniziamo a dare per scontato che ciò che l'altro dice sia intrinsecamente importante, assoluto o vero. Si tratta di una risposta automatica inconscia.

Il problema è che lo facciamo senza pensare, anche quando non è necessario.

Continuiamo a vedere la cornice che l'altro ci propone come importante e assoluta, e spesso lo facciamo anche quando non abbiamo bisogno di pensare o parlare in quella cornice. Lo facciamo perché siamo già abituati e ci sembra naturale. Ma se seguite questo schema meccanicamente, a un certo punto vi troverete intrappolati nella cornice dell'altra persona, anche quando non è necessario. Si rimane intrappolati. Non perché la cornice dell'altro sia potente o speciale, ma perché abbiamo "scelto di farlo". Questa è la cosa più importante da notare.

È un trucco evolutivo. È una sorta di trucco evolutivo, perché non si vuole lavorare duramente per creare una cornice e si vuole approfittare delle buone cornici che l'altra persona offre. È una sorta di efficienza, ma ci saranno sempre cornici inutili o dannose per voi, e se le accettate ciecamente per comodità, finirete per avere effetti collaterali.

- Determinare se l'inquadratura dell'altra persona è utilizzabile

Quello che facciamo con le cornici che ci vengono presentate è, in un certo senso, una questione di pura scelta. Il più delle volte questo meccanismo avviene in modo inconsapevole, quindi dobbiamo renderlo consapevole. Rendendolo consapevole, è possibile determinare attivamente quale scelta sia più intelligente e utile. Questo è l'effetto del "rendere consapevole l'inconscio".

Ogni volta che vi trovate di fronte a una cornice esterna, considerate sempre questi due principi

1. rispondere al quadro di riferimento dell'altro, se necessario. Pensare, reagire e agire di conseguenza.

Non reagisco nella cornice dell'altro se non è necessario per me. Divento indifferente o offro una cornice diversa.

Queste due cose vi risparmieranno molta frustrazione quando sarete colti di sorpresa dalle parole o dalle intenzioni di qualcuno e diventerete il "ragazzo facile" della vostra vita.

Non c'è nulla di sbagliato nel dare valore a ciò che l'altro dice e al suo quadro di riferimento, come nel caso #1, e nel costruire un dialogo attorno a esso. È uno sviluppo evolutivo della comunicazione umana. È un modo molto utile e saggio di comunicare. È un'ottima cosa da fare ed è qualcosa che dobbiamo sviluppare sempre di più nell'era dell'empatia. In questo modo, possiamo capire meglio l'altra persona e il mondo che ci circonda e rispondere in modo più efficace.

Tuttavia, questo non è sufficiente. Se in passato avete fatto solo questo, cercate di essere indifferenti alle cornici inutili, come al punto 2, o piuttosto cercate di presentare una cornice diversa. Non si tratta di ego o di competizione. Si tratta piuttosto di cercare di rendere la situazione più efficiente ed efficace. Sia per voi che per l'altra persona.

Non tutte le cornici che mi vengono presentate sono corrette e non tutte sono appropriate. Naturalmente, dobbiamo verificarne l'accuratezza, la validità, la ragionevolezza e l'adeguatezza. Anche se ci siamo evoluti per dare valore e attenzione a ciò che dice l'altro, dobbiamo adattarci alle diverse situazioni.

Con un po' di attenzione, è possibile controllare entrambe le cose contemporaneamente e reagire di conseguenza. Naturalmente, non è sempre facile. Se i vostri vecchi schemi sono forti, continuerete a vedervi inciampare nel telaio dell'avversario senza rendervene conto. Ma non lasciatevi abbattere o frustrare, continuate a provare. Siate consapevoli sia dell'uso del telaio che del suo rifiuto. Siete consapevoli della scelta che state facendo tra i due. Poi, man mano che si radica nella vostra coscienza, sarete in grado di applicarlo nelle conversazioni della vita reale. A un certo punto, in tempo reale, la distinzione tra le due cose inizia a diventare chiara. Iniziate a vederla. Invece di lasciarsi prendere dalla cornice dell'altra persona, si può vedere con calma: "Questa cornice è accettabile? Finché riuscite a vederlo, potete fare una scelta attiva.

È un'esperienza indescrivibilmente piacevole osservarsi mentre si soppesano con calma i vantaggi e si decide se usarlo o meno, senza essere coinvolti nella cornice esterna.

- I cani inseguono i sassi lanciati, ma i leoni si avventano sui lanciatori di pietre

Un altro modo per evitare di rimanere invischiati nella cornice dell'altro, e per evitare di diventare un sacco da boxe, è attaccare il "parlante" piuttosto che il contenuto della cornice. L'analogia più famosa a questo proposito è la seguente

"Se lanci una pietra, un cane la inseguirà, ma un leone si avventerà sul lanciatore di pietre.

Ecco un esempio. Qualcuno inquadra il vostro aspetto o il vostro corpo in modo negativo. Potrebbe darvi del brutto, del grasso o dell'incompetente, oppure potrebbe dire che siete incompetenti. A quel punto si inizia a rincorrere il "sasso" che è stato lanciato. I nostri sentimenti, pensieri e reazioni sono immediatamente modellati dalla cornice, ovvero dal contenuto delle parole.

Questo provoca due reazioni. La prima reazione è quella di concentrare tutta la mia attenzione sulla bruttezza o sull'incompetenza di ciò che l'altro ha detto, e di lasciare che il negativo mi colpisca. La seconda reazione è quella di ribattere o resistere alle parole e arrabbiarsi, sia esteriormente che interiormente, entrambe le reazioni sono rincorrere la pietra con il fervore di un cane, cioè entrare nella prigione della cornice stessa. Forse il lanciatore di pietre sorride di conversione mentre osserva.

Il motivo principale per cui inseguo le "pietre lanciate" è che sono troppo preso da me stesso in relazione a quella cornice. La mia attenzione e la mia concentrazione sono su me stesso. Ecco perché sei bloccato. Non sto dicendo che non ci si debba preoccupare di se stessi o che non ci si debba valorizzare. Dovremmo prenderci cura di noi stessi e dare importanza a noi stessi più che a chiunque altro. Il problema è che lo facciamo anche quando non è necessario. Lo si fa solo quando se ne ha bisogno, altrimenti è sempre lì. Ma in realtà è più efficace essere consapevoli di se stessi quando non ce n'è bisogno. In questo modo si può essere indifferenti a qualsiasi cornice l'altra persona ci metta addosso. Perché non c'è un "tu" da incastrare nella cornice. Non è facile, ma se fatto bene è la cosa più potente che si possa fare.

Che cosa significa, dunque, "balzare sul lanciatore di pietre" come un leone?

Sposta l'attenzione dalle parole o dall'inquadratura dell'interlocutore a chi parla. Spesso assume la forma di una domanda o di un'interrogazione.

"Perché questa persona mi sta dicendo questo?

"Qual è la storia dietro a questo?

Temo che, dicendo questo, tu abbia perso la tua umanità.

"Mi chiedo se abbia un complesso sul suo aspetto?

Quando ci si chiede perché l'altra persona dice quello che dice, non si assegna una colpa o un errore, ma si sposta l'attenzione sulla persona stessa. Si tratta di essere curiosi. Anche se non siete curiosi, non si tratta di ciò che la persona ha detto (la cornice), ma della persona che ha fatto la cornice. Come un leone, dite: "Uh huh! L'altra persona sarà sorpresa. "Pensavo che avresti inseguito un sasso, invece mi sei saltato addosso!

Potete fare domande, non solo stupirvi. Se qualcuno vi dice qualcosa di negativo, non vi ci attaccate o lo assecondate, ma fate un bilancio e ponete delle domande.

"Ma perché dici così? Ti è stato detto che sei brutto (o incompetente) da qualcuno?".

"Non credo che lei sia il tipo di persona che direbbe una cosa del genere e sono deluso, ma forse mi sbagliavo".

"Sei un'estetista?"

"Come ti sentiresti se qualcuno ti dicesse una cosa del genere?".

Ci sono molte altre domande che si possono fare.

Questa attenzione alla persona piuttosto che alla cornice ha diversi vantaggi. Innanzitutto, i miei pensieri non sono più incentrati su una cornice inutile. Non mi lascio coinvolgere in giochi inutili. In secondo luogo, posso dare alla persona che ha creato la cornice inutile una sorta di avvertimento. È anche un modo per contro-incorniciare. Fa sì che la montatura dell'altro non funzioni. Fare riferimento all'avversario o fare una contro-domanda è un modo molto efficace per evitare di essere incastrati.

- Inversione di marcia

Il terzo modo per liberarsi dalle cornici altrui è quello di "ritornare".

Quando qualcuno cerca di incastrarti, non cercare di rispondere all'interno di quella cornice. Nessuno è obbligato a rispondere a una domanda solo perché è stata posta o inquadrata in quel modo. Invece, restituite la cornice all'altra persona in modo che possa pensare fuori dagli schemi. Riportate la domanda su di loro. A volte questa è la risposta e il trattamento più appropriati. Ad esempio, è facile da capire.

A chi degrada inutilmente l'aspetto di una persona, dite: "Sai, nemmeno tu hai un aspetto così bello".

A chi disconosce le capacità degli altri, dite: "Non credo che riusciresti a farlo anche se ci provassi".

A chi critica le vostre idee, dite: "Anche le vostre idee non sono molto buone".

Alla persona che vi sta giudicando, dite: "Il tuo giudizio si riflette negativamente su di me".

Alla persona che fa la discriminazione irragionevole, dite: "Vedo che ti piace questo tipo di discriminazione, come ti sentiresti se fosse fatta a te?".

Come avrete notato, qui tutto è strettamente legato alle tecniche di "sana difesa". Non c'è motivo di cercare di incastrare qualcuno o di attaccarlo se non è necessario. A meno che non sia assolutamente necessario. E molti di noi non sentono il bisogno di attaccare per primi gli altri o di cercare di inserire i propri argomenti.

Il problema è che a volte le persone lo fanno. Quando ciò accade, potete usare la prospettiva e le tecniche di questo articolo per rispondere in modo appropriato. Non attaccate per primi, ma non state nemmeno seduti a subire. Non siate inutilmente "duri". Questo è lo scopo di questo articolo.

- Uscire dall'inquadratura, se necessario

A questo punto, è importante ricordare. La mia cornice è solo un'altra cornice che ho. Dobbiamo riconoscerlo. Nessuna cornice, che sia la vostra o quella di qualcun altro, è la verità assoluta o l'unica verità. È bene usarli quando sono appropriati, utili e necessari, ma per il resto essere abbastanza flessibili da lasciarli andare. In altre parole, vedere chiaramente che una cornice, mia o di qualcun altro, è solo un "modo di pensare" e non è mai la verità assoluta, l'unica verità o l'inevitabile.

Se rifiutate la cornice dell'altra persona ma non la vostra, siete ancora nel campo della "cornice è la verità assoluta". Non si può mai usare la mano sinistra con la vernice per rimuovere la vernice dalla mano destra. Devi cancellare la vernice su entrambe le mani. Ecco cos'è una cornice.

Non è "la cornice è me", ma allo stesso tempo non è "la cornice non è me": è solo un buon uso del fenomeno dell'identificazione con la cornice. Riconoscendo questo fenomeno per quello che è, si può usarlo quando serve e non usarlo quando non serve.

Lasciatemi liberare prima me stesso e poi lasciate che l'altra persona si liberi. Invece di intrappolarci l'un l'altro in una cornice di nostra creazione, nostra o altrui, prendiamo possesso di ogni cornice e usiamola attivamente. Questo è degno di essere il nostro scopo. L'interrogazione inversa, l'inquadramento inverso, ecc. sono veramente significativi solo se vengono usati come mezzi per raggiungere questo scopo. Celebriamo insieme la "libertà dalle cornici inutili", ricordando sempre che l'obiettivo non è quello di intrappolare o confinare noi stessi o l'altra persona in un'altra cornice.

◆◆◆

Sintesi

Si parla di come evitare di rimanere facilmente intrappolati in "cornici" (mentalità). Le strategie chiave includono

1) Determinare l'utilità della cornice esterna, ignorarla se non è necessaria o presentare una cornice diversa.

2) Concentrarsi sulla persona che ha lanciato l'inquadratura piuttosto che sul contenuto dell'inquadratura.

3) Ripristinare i fotogrammi non necessari.

Dovete anche riconoscere che i vostri schemi non sono verità assolute e dovete essere liberi di usarli o scartarli a seconda delle necessità. Questo approccio vi libera da cornici inutili e vi permette di pensare in modo più libero e indipendente.

5.5 Cerca l'amore orizzontale, non la dipendenza verticale

: Amore vs. dipendenza - Creare relazioni di potere

"Mosè, Gesù Cristo, Maometto, Lama, Buddha. Nessuno di loro ha avuto abbastanza amore terreno".

"Non può essere, tutti loro hanno milioni e milioni di fedeli ancora oggi?".

"Adorare è dipendere. Dipendere non significa amare. La dipendenza toglie solo il 'potere del pensiero' che è unico dell'uomo. Per un uomo dipendere da qualcuno significa degradarsi, tradirsi, alienarsi dall'oggetto della sua dipendenza".

Questa è una citazione da un libro che ho letto l'altro giorno.

Nell'articolo precedente ho usato la parola "adorazione", ma in una relazione normale sarebbe "dipendenza". Ciò che dobbiamo condividere è l'amore, non la dipendenza. Anche Gesù e i Buddha volevano condividere l'amore con le persone e probabilmente rifiutavano qualsiasi adorazione o dipendenza che si rivolgesse direttamente a loro. Ci sono molti esempi di questo tipo nelle scritture buddiste e nella Bibbia. Rifiutavano la dipendenza perché sapevano che la dipendenza unilaterale ostacola solo la vera interazione e l'amore tra le persone.

Riportiamo l'attenzione su noi stessi. Non è raro che diciamo di amare il nostro partner, ma in realtà dipendiamo da lui o da lei. Più elementi di dipendenza ci sono in una relazione, più diventa difficile sia per voi che per l'altra persona. La distinzione tra dipendenza e amore è semplice. La dipendenza verticale ci rende tesi, mentre l'amore orizzontale ci dà conforto e libertà.

Anche quando ci rendiamo conto di essere dipendenti da qualcuno, non è facile uscire dallo schema. Perché tocca una paura interiore. La paura di non avere più qualcuno su cui contare. A volte mi chiedo se lasciare la relazione sia per il mio bene. Parlare di dipendenza come amore significa essere disonesti con l'altra persona.

D'altra parte, potreste temere che, se temete o evitate questa situazione un po' confusa ogni volta che la incontrate, si ripeterà in un'altra relazione. Così si rimane bloccati in uno stato di ambiguità, senza poter né interrompere né continuare la relazione. Lasciare una relazione può portare libertà e nuove opportunità sia per voi che per l'altra persona, ma può anche causare profondo dolore e risentimento. Ma è davvero la cosa più saggia da fare?

La scelta di superficie sembrerà essere quella di rimanere nella relazione o di lasciarla. Ma qualunque sia la scelta, ciò che è più importante è il vostro stato d'animo interiore: quando riconoscete la struttura della dipendenza e non vi associate più alla persona come dipendenza, questo è sufficiente. Se continuare o meno la relazione, se lasciare o meno l'altra persona, è una questione secondaria.

Possono dire di voler risolvere la codipendenza, ma prima prendono in considerazione l'idea di "andarsene". Potrebbero avere l'impressione che si tratti di un atto di evitamento. Può anche temere che porre fine alla relazione lasci ferite e risentimenti. Potrebbero anche chiedersi se rompere sia la cosa giusta da fare o meno, il tutto perché stanno ancora dando più importanza al loro comportamento esterno che ai loro sentimenti interni. Ma è quello che c'è dentro che conta davvero.

La mente interna può essere influenzata dal comportamento esterno. In alcuni casi, un allontanamento fisico può chiarire molte turbolenze interiori. Tuttavia, cambiare il proprio comportamento esterno senza cambiare anche quello interno lascia un ampio margine di errore. Se l'unica soluzione a una crisi o a una difficoltà relazionale è quella di andarsene, la prossima volta che si presenterà una situazione simile, potreste non essere in grado di affrontarla correttamente e finire per evitarla di nuovo. È ovvio che bisogna andarsene quando è necessario e che bisogna lasciarsi quando è necessario, ma è anche possibile superare una crisi o una difficoltà insieme e avere poi un amore e una relazione più profondi.

Quando abbiamo un problema in una relazione, oltre a decidere se porvi fine o meno, dobbiamo innanzitutto chiarire nella nostra mente l'obiettivo della relazione.

L'obiettivo è l'amore orizzontale, non la dipendenza verticale.

La dipendenza in una relazione non è mai unilaterale. Entrambe le parti sono in una relazione di dipendenza per il proprio beneficio. La parte dipendente beneficia principalmente della dipendenza psicologica e dell'assunzione delle responsabilità della vita, mentre la parte dipendente riceve una convalida e un aumento dell'autostima. In altre parole, se il vero amore è "la volontà di dare se stessi per il benessere dell'altra persona", la codipendenza è "un meccanismo per usare l'altra persona per il mio benessere". A volte, anche se una relazione sembra essere affascinante e cool all'esterno, in realtà è l'opposto all'interno. E quando alla fine si rompe, finisce tragicamente.

Questo perché noi esseri umani non siamo progettati per essere dipendenti o dipendenti dagli altri. Siamo fatti per amarci in modo paritario, orizzontale e confortevole, non per vivere in una relazione verticale in cui uno è più alto o più basso dell'altro, con la relativa gerarchia. Una relazione di questo tipo è una distorsione.

Prima di tutto, proviamo una matura condivisione reciproca al nostro interno, non una tradizionale dipendenza. Avere un "problema di dipendenza", sia che si tratti di dare che di ricevere, dimostra che non sono ancora in piedi da solo come essere umano sano e maturo. Pertanto, deve essere affrontato. Che si lasci o meno, che ci si lasci o meno, è secondario.

Non è obbligatorio o vincolante, quindi non sentitevi sotto pressione. Se non ci riuscite, non dovete forzarvi. È una sorta di pratica da provare. Così facendo, posso innanzitutto generare in me stesso il potere di dare amore o di condividere in modo equo e reciproco, invece del meccanismo di dipendenza che ho usato finora. Posso pensare all'altra persona come allo stesso essere, debole come me, debole come me, forte come me. Ci incontriamo con la chiara consapevolezza che entrambi, io e lui, siamo "così come siamo", nulla e tutto allo stesso tempo. All'inizio può essere strano e difficile, ma se si persevera, a poco a poco si trasformerà in una relazione matura, anche se ci sono crisi lungo il percorso. Questa è una disciplina per le relazioni e per la vita.

Potreste scoprire di aver fatto grandi passi avanti nell'abbandonare la relazione di codipendenza grazie ai vostri sforzi, ma l'inerzia della relazione di codipendenza rimane nell'altra persona. La persona in questione potrebbe opporsi al mio cambiamento, risentirsi del mio cambiamento o cercare di porre fine alla relazione. Tutte queste cose sono possibili. Questo è il suo limite, per così dire.

In questa situazione, avete due possibilità. Una è quella di essere pazienti e continuare a cercare di lavorare con lui per far sì che il suo cambiamento avvenga. Naturalmente, non dovete forzarlo o costringerlo. Né tantomeno di farlo con dolore. Tutto questo sforzo è per la vostra felicità. Naturalmente, include anche la felicità dell "altra persona. Ecco perché potete continuare a perseverare. Due: interrompere la relazione. Se l "altra persona non è in grado di unirsi a me nei miei sforzi per trasformare la dipendenza verticale in amore orizzontale. Naturalmente, in questo caso, non è necessario rompere con la forza o inutilmente. Lasciate che avvenga in modo naturale.

Anche dopo aver risolto la vostra relazione, potreste essere preoccupati per la possibilità di ripetere situazioni simili in futuro, per la possibilità di ferirvi a vicenda e per la capacità di creare un vero amore. Tuttavia, se riuscite a riconoscere chiaramente la differenza essenziale tra dipendenza e amore e se riuscite a risolvere il problema dall'interno, queste preoccupazioni scompariranno naturalmente, quindi non dovreste preoccuparvi troppo.

A volte la realtà è che bisogna chiudere una relazione il prima possibile. Non potete permettervi di aspettare fino a quando non avrete risolto la vostra situazione. In questo caso, non ha senso forzare la relazione. Allora bisogna essere proattivi e interrompere la relazione. Agite. Poi si può continuare a entrare in contatto con se stessi e a riflettere sulla situazione. Non è necessario essere "dentro" la relazione per farlo.

Questa visione della relazione vi permetterà di essere molto più saggi la prossima volta che si ripeterà uno schema simile. Sarete in grado di basarvi sui vostri precedenti fallimenti ed esperienze per perfezionare la vostra prossima relazione.

Con amore orizzontale, non con dipendenza verticale.

◆◆◆

Sintesi

Il vero amore è diverso dalla dipendenza. La dipendenza verticale crea tensione, mentre l'amore orizzontale dà conforto e libertà. In una relazione, è lo stato interiore che conta più del comportamento esteriore. Riconoscere e uscire da una struttura di dipendenza è importante, rimanere o lasciare la relazione è secondario. L'obiettivo dovrebbe essere l'"amore orizzontale", che significa "essere disposti a dare se stessi per la felicità dell'altro". Dovreste sforzarvi di allontanarvi dalla codipendenza e di passare a una matura condivisione reciproca, che a volte può essere difficile e richiedere tempo, ma che alla fine porta a una relazione più sana.

5.6 Non c'è bisogno di diventare un cestino emotivo per empatizzare

: Empatia senza sacrificio: sentire i sentimenti degli altri senza perdere se stessi.

- "Credo che morirò presto".

Ogni tanto mi capita di parlare al telefono con persone che hanno bisogno di aiuto. Qualche anno fa mi chiamò una donna di circa 50 anni. Mi disse che lei e suo marito si scontravano continuamente per le cose più piccole, che ogni conversazione che cercava di avere si inaspriva rapidamente e finiva in un litigio, e che non poteva più vivere così. Diceva che quando era più giovane riusciva a sopportarlo, ma ora non ci riusciva più. Non c'è da stupirsi. Come si può sopportare una cosa del genere?

L'altro giorno stavamo discutendo e ho pronunciato la parola "divorzio", e lui è diventato improvvisamente serio e ha detto che voleva che aspettassi un anno prima che i ragazzi si diplomassero all'università. Dopo un anno, ha detto, sarebbe sparito. Lei era sconvolta dalle sue parole. Il marito aveva una storia di attacchi cardiaci e altre patologie e le aveva spesso detto che sarebbe morto presto.

Certo, sapevano che lasciarsi ora non sarebbe stato un bene per nessuno dei due, ma i continui litigi e conflitti li stavano portando al culmine dello stress. Non so come migliorare le cose. Il giorno dopo era il compleanno del marito e lei non voleva cucinargli la zuppa di alghe. Ma allo stesso tempo sentiva fortemente che la relazione doveva essere migliorata in modo sostanziale, così lo chiamò.

Al telefono aveva fretta e mi ha chiesto se potevo dargli subito un consiglio, così gli ho detto che ne avevo uno. Gli ho chiesto se voleva provarlo. È inutile dirti come fare qualcosa se poi non la fai. Fortunatamente ha detto di sì.

Le ho chiesto come reagisce quando suo marito dice: "Penso che morirò presto", e lei mi ha risposto: "Non dire una cosa così stupida, le parole sono semi". Allora le ho detto: "Ora, quando tuo marito dice questo, metti da parte i tuoi pensieri e sentimenti e senti prima i suoi sentimenti. Non cercare di fare altro, ma senti solo quello che sta pensando in questo momento, quello che sta provando in questo momento...".

(In questo caso, è importante sentire i sentimenti dell'altra persona, ma è anche importante esprimerli a parole).

"Sei così ansioso, così preoccupato per la tua salute... e io non ti conoscevo così bene. Credo di conoscerti un po' adesso....".

Dopo un attimo, il ricevitore emise un singhiozzo. Disse che ora sapeva quello che non sapeva. E cosa aveva fatto di male. Il mio cuore affondò insieme al suo.

Parliamo spesso dell'importanza dell'empatia. Non è facile essere empatici. Ne parliamo spesso, ma è difficile da fare. Tuttavia, è molto importante per noi avere empatia quando ne abbiamo bisogno.

L'empatia è così semplice. È così semplice che facciamo fatica a provarla.

Se volete entrare in empatia con le persone che desiderate, in modo semplice e corretto, ecco come fare. Mettiamo da parte tutte le teorie, le idee e i consigli che avete sentito sull'empatia. Se volete davvero entrare in empatia, ecco come iniziare.

Accettare i sentimenti, gli stati d'animo e le emozioni dell'altra persona senza dire che ha ragione, senza essere d'accordo con lei, senza rinunciare o ignorare i propri sentimenti.

Sentite quello che sta provando lui e, come ulteriore vantaggio, sarete in grado di liberarlo anche voi.

È più facile a dirsi che a farsi. Se avete difficoltà, ecco qualche spiegazione in più (e se non funziona? Va bene, va bene non immedesimarsi, va bene conviverci, va bene essere leggeri, va bene essere leggeri).

Non è una teoria, è il modo in cui funziona la nostra mente. E tutte le precedenti spiegazioni dell'empatia? Tutte dicono questo, quindi sono corrette, ma sono solo più complicate perché girano e girano e girano nei dettagli. La maggior parte delle spiegazioni funziona quando le si mette in pratica con fedeltà e costanza. Quindi è una buona idea leggere tutte le teorie e le spiegazioni dell'empatia e provarle.

Il principio "senti quello che sta sentendo" è qualcosa che, una volta sperimentata la sua efficacia qualche volta, non penserai nemmeno di fare. Questo principio naturale e semplice di sentire con lui e lasciarsi andare è ciò che lo fa funzionare. Se non funziona la prima volta, non scoraggiatevi, provate ancora e ancora. È una cosa che facciamo tutti, solo che siamo un po' più ottusi.

C'è qualcosa che deriva dal "sentirsi con" qualcuno. È l'effetto del "lasciar andare la mente dell'altro". È un fenomeno che si verifica spontaneamente quando si sta bene insieme, quindi non è necessario pensarci. Inoltre, quando la mente dell'altro è rilassata, anche la vostra mente si rilassa. Una volta sperimentato, vi innamorerete ancora di più di questo metodo.

- Non considerare l'empatia come tale se non è empatia

"Sentire quello che l'altra persona sta provando" è più o meno quello che sembra. Quindi, procedete e fatelo. Ma se non avete ancora abbastanza dimestichezza, una piccola spiegazione vi aiuterà, quindi andiamo un po' più a fondo.

In primo luogo, perché facciamo fatica a provare empatia?

In breve, è perché fraintendiamo l'empatia. Ci sembra che l'altra persona debba avere ragione, che debba essere d'accordo con noi, che si debba rinunciare o ignorare i propri sentimenti per accettare incondizionatamente i suoi.

No, non è necessario!

Per essere chiari, questa non è empatia, ed è per questo che è difficile e impegnativa. È davvero difficile e impegnativo. Abbiamo i nostri pensieri, i nostri sentimenti, le nostre opinioni, le nostre emozioni, i nostri diritti e i nostri torti, quindi come possiamo dire che quello dell'altra persona è l'unico giusto? E non dovremmo farlo, perché questo può salvare loro, ma uccide me. Quando io muoio, muore anche la relazione. Non è così che funziona l'empatia. L'empatia serve a mantenere in vita entrambi, l'altro e me.

Pertanto, in futuro, non siate costretti o riluttanti ad accettare che l'altra persona sia giusta, corretta o gradevole, o ad accettare i suoi sentimenti incondizionatamente, o a ignorare i vostri sentimenti. Non cercate di forzarvi a capire l'altra persona, perché questo è un tradimento di voi stessi e la vostra soddisfazione sarà solo effimera e di breve durata. Anche se non lo sentite chiaramente sul posto, una sensazione di riluttanza rimarrà nella vostra mente e avrà un effetto negativo su di voi. Per me e per l'altra persona.

- Sentite quello che provano con loro

Ok, ora arriviamo alla parte vera e propria.

Quindi vuoi che io provi quello che provano loro?

Ma come?

Come ho detto prima, conservate i vostri sentimenti, pensieri, giudizi e comprensioni. Non dovete cambiarli o liberarvene. Tenete tutto lì e sentite quello che l'altra persona sta provando in questo momento. Potete esprimerlo attraverso le parole o il comportamento, ma questo è per dopo, sentitelo e basta. Non c'è pressione, è facile.

Potete prendere la sensazione così come vi viene, oppure potete chiedere all'altra persona. Chiedere semplicemente: "Come ti senti in questo momento?" fa un'enorme differenza. Prima di allora, spesso non avevo idea di come si sentisse l'altra persona, o le mie supposizioni erano sbagliate, ma quando si fa una domanda e si sente come si sente, è molto facile scoprirlo. Non deve essere complicato o difficile. Basta chiedere. Se sentite di essere in sintonia anche senza chiedere, potete semplicemente sentirlo.

A volte non funziona. Non riesco a sentirlo, oppure l'altra persona non risponde alle domande che le pongo.

Usate l'immaginazione. Immaginatevi nei panni dell'altra persona e come vi sentireste se vi trovaste in quella situazione, se foste frustrati, arrabbiati, tristi o depressi. "Pensate alle situazioni in cui vi siete trovati e alle emozioni che avete provato in passato. Poi provatele voi. Notate che l'altra persona sta provando sentimenti, emozioni e stati d'animo simili in questo momento.

Il potere dell'immaginazione è una capacità naturale che tutti gli esseri umani possiedono. È per questo che proviamo le stesse emozioni dei protagonisti di drammi, film e romanzi. Quindi, se dite che non ci riuscite, state mentendo. È solo che non vi siete ancora concentrati. Anche se non lo fate con qualcuno a cui tenete, che conoscete o che amate, vi troverete a farlo spontaneamente.

Non l'avete ancora capito? Certo che sì. Tutto richiede una certa dose di concentrazione e ripetizione. Se seguite attentamente questi passaggi, a un certo punto comincerete a sentire: "È così che dovete sentirvi in questo momento". Noi esseri umani siamo così simili nel modo in cui ci sentiamo.

Tuttavia, è necessario prestare attenzione. Si tratta di una "sensazione" più che di un'ipotesi o di una congettura. È quando si percepiscono naturalmente le emozioni e i sentimenti del protagonista del film. Se si cerca di indovinare o fare congetture, si rischia di non azzeccarci. A volte le persone si lamentano: "Perché mi sforzo di entrare in empatia, ma sbaglio sempre?" Questo perché fanno supposizioni e congetture affrettate con la mente, invece di sentire davvero. Gli stati d'animo, i sentimenti e le emozioni dell'altra persona.

Pensare non è possibile. Ci saranno delle ipotesi e delle speculazioni, ma la chiave è concentrarsi sul "sentire". Questo è il trucco più importante. Anche se all'inizio c'è un divario tra ciò che pensate di sentire e ciò che l'altra persona sente realmente, con la pratica diventerete naturalmente sempre più bravi, quindi non preoccupatevi troppo e continuate a provare.

Alcune persone cercano di allenarsi all'empatia leggendo libri, frequentando programmi e imparando a comunicare. All'inizio sembra funzionare, ma poi ci si scontra con un muro. Secondo la teoria, dovrei fare progressi, ma non è così. Non mi sento empatico e l'altra persona non sembra reagire molto, o reagisce un po', ma poi non dura a lungo.

Un marito mi ha raccontato di aver imparato una "tecnica di empatia" attraverso il programma di formazione della sua azienda. La tecnica consisteva nell'"imitare ciò che l'altra persona sta dicendo". Spesso viene chiamata backtracking, mimicking, paraphrasing o parafrasi. Così sono tornato a casa e l'ho applicata alle conversazioni con mia moglie e ho pensato: "Wow, sta funzionando davvero". Lei parla con entusiasmo di come si senta ascoltata, anche se io sto solo ripetendo quello che dice.

Continuando a usare questo metodo, notate che vostra moglie è sempre meno reattiva. Un giorno dice al marito, che è molto reattivo. "Solo verbalmente?"

Si tratta di un esempio scherzoso, ma anche di un'esperienza reale. Ok, ho capito la tecnica, quindi qual è il problema?

Il motivo principale è che non sento quello che stanno provando loro in questo momento nel mio petto. Non lo sento io e non lo sente nemmeno l'altra persona. Quindi stai solo eseguendo le procedure. Naturalmente, è molto meglio, più utile e più lungo che non fare nulla. Quindi, se potete farlo, fate del vostro meglio.

Il problema è questo. Quando usiamo l'empatia, in modo casuale o strategico, diamo per scontato che l'altra persona non lo sappia e non possa sentirlo. Ma la nostra mente inconscia è sorprendentemente sensibile e saggia. In qualche misura conosce tutto. Sa se il tuo cuore sta davvero sentendo il mio cuore (sentimento) o no.

È in quel momento che si cerca di fare un'iniezione di conversione, di "sentirsi".

Sentite solo quello che pensate che stia provando, come pensate che stia provando. All'inizio, potreste non sapere se ciò che provate è giusto o sbagliato. Il sentimento può essere debole. All'inizio, potrebbero essere solo pensieri. Le vostre prime ipotesi potrebbero non essere giuste. Ma se non vi arrendete e continuate a farlo, inizierete a sentirlo, come se il magnete laggiù si muovesse e voi sentiste il campo magnetico cambiare, o come se le vibrazioni del vibratore laggiù fossero percepite da voi. È un fenomeno chiamato risonanza. Abbiamo questa capacità. È qualcosa con cui ogni essere umano nasce.

Non consideratelo come un obbligo, una responsabilità o un esercizio di empatia, ma piuttosto come un gioco o un'azione casuale, come un gioco "feel-along". Gli esseri umani sono naturalmente progettati per sentire i cuori (i sentimenti) degli altri, e lo facciamo continuamente. Non rendetelo troppo serio o pesante, ma divertente come un gioco leggero.

Il motivo per cui non proviamo empatia quando ce l'abbiamo è che non prestiamo attenzione e non ci concentriamo su ciò che stiamo già provando. Ora, non devo essere d'accordo con i suoi pensieri, sentimenti, opinioni o accettare incondizionatamente i suoi stati d'animo, ma solo prestare un po' più di attenzione a ciò che sento. Allora posso sentire di nuovo ciò che provo.

A un certo punto (o forse proprio all'inizio), lo capirete: "Oh, questa sensazione, questo stato d'animo, questa emozione! Altrimenti, non importa. È sufficiente continuare a sentirsi così. Questo da solo ha un effetto positivo invisibile. Ma a un certo punto, quando lo fate, lo sentirete, ed è una sensazione strana. In seguito, diventerà molto più facile e naturale e vorrete sentire l'altra persona anche quando non è necessario.

Sto provando i sentimenti dell'altra persona a modo mio, ma potrebbe essere ancora frustrata con me o risentita perché non la capisco. Potreste sentirvi delusi o demotivati perché non sembrano apprezzare i vostri sforzi.

Ripensateci. Lo scopo del "sentire insieme" non è quello di capire o apprezzare l'altra persona. Alla fine c'è spazio per l'apprezzamento da parte dell'altra persona, ma lo scopo e il risultato è quello di sentirla a prescindere. Se lo chiarite, potete continuare a sentire l'altra persona senza essere distratti dalla sua reazione. Questo è l'obiettivo.

Quando ci si sente così, autenticamente e insieme, la cosa più curiosa che accade è il rilascio.

Quando mi sento bene, la mente dell'altra persona si libera in modo strano e naturale. È un'esperienza molto toccante. Si può persino immaginare che accadrà. "Se esprimo questo adesso, il cuore di quella persona si libererà. Questo è ciò che accade quando c'è un'empatia reale e invisibile tra due persone. Non so come si possa spiegare scientificamente, ma succede. Quando sentite sinceramente lo stato d'animo, le emozioni e i sentimenti dell'altra persona, la mente dell'altra persona si libera.

Non dovete puntare a questo. A volte potreste pensare: "Io lo sento bene, ma perché lui non ci riesce? Allora potete rilassarvi e pensare: "Forse devo essere più maturo". Continuando a fare quello che state facendo, indipendentemente dall'esito, noterete che il conflitto, il contrasto o la discussione si dissolveranno gradualmente. Poiché il "sentirsi insieme" è sia l'obiettivo che il risultato, ogni tentativo di cambiarlo artificialmente diventa un altro ostacolo. Quindi siate saggi, leggeri e flessibili.

- Preferisco esprimere direttamente i miei sentimenti

È bene percepire gli stati d'animo e le emozioni dell'altra persona, ma bisogna sentirli e basta?

No, non è così. Certo, il sentimento è la cosa più importante, ma esprimerlo con parole e azioni è ancora più importante. Pertanto, è necessario anche esprimerlo bene.

Ad esempio, si potrebbe dire Sento i suoi sentimenti, i suoi stati d'animo e le sue emozioni.

"Già. Devi sentirti ~ in questo momento".

"Come ti senti in questo momento?".

"Mi dispiace tanto, non avevo capito come ti sentivi in questo momento".

"Ora so come ti senti".

Se potete dimostrarlo con le vostre azioni, fatelo. Le espressioni facciali empatiche, i discorsi, il tono di voce, le frasi e i gesti sono tutti validi: non c'è una tecnica speciale, ma solo lasciare che venga naturale come vi sembra.

Nel migliore dei casi, potete esprimere i vostri sentimenti e l'altra persona vi dice qualcosa come: "Non mi sento così in questo momento", e voi potete ricordare a voi stessi che la vostra empatia è ancora debole. O forse l'altra persona non vuole ancora rispondere alla vostra empatia. Non dovete essere delusi o scoraggiati da questa risposta. Dovete solo continuare a cercare di sentirvi meglio. Fate attenzione a non fare supposizioni, inferenze o proiezioni. Basta che vi sentiate letteralmente "con lui" e teniate presente che sentirsi con lui è sia l'obiettivo che il risultato.

Fino a quando questo sforzo non diventerà una seconda natura, fino a quando non diventerà una routine, sarà ancora una lotta e ci saranno piccoli ostacoli lungo il percorso. Ma dovete solo accettare che si tratta di una "curva di apprendimento" necessaria e continuare ad andare avanti. Ad ogni passaggio, diventerete più maturi, avrete più momenti di felicità e la vostra vita sarà più ricca.

◆◆◆

Sintesi

La vera empatia è semplicemente provare i sentimenti dell'altro. Non significa abbandonare i propri sentimenti o accettare incondizionatamente quelli dell'altro. Ecco come essere empatici

1) Sentire le emozioni dell'altro,

2) Usate l'immaginazione, se necessario,

3) Esprimere i propri sentimenti.

L'empatia richiede pratica ed è importante godersi il processo e non farsi prendere dal risultato. La vera empatia può aprire il cuore dell'altro e migliorare le relazioni. È una capacità umana naturale, non un'abilità, e può essere migliorata con la pratica.

5.7 Le scuse per me, per l'altro, per tutti
: Oltre il bene e il male

Chiedere scusa è difficile per tutti.
Anche se sono in una posizione superiore,
A parità di condizioni,
Posizione inferiore o meno.

Ci sono molti motivi per cui le scuse sono difficili.
Quando sento che non ho motivo di scusarmi,
Quando chiedere scusa mi fa perdere soldi,
Quando pensate che l'altra persona vi debba delle scuse,
Quando sai che dovresti scusarti, ma il tuo orgoglio è ferito,
Quando pensate che le vostre scuse non abbiano alcun effetto sull'altra persona...

In ogni caso, il
Le cose per cui fatichiamo a scusarci correttamente
Il vero motivo,
Perché non sai per chi è la mela.

Le mele non fanno per me
Non è nemmeno per l'avversario.
È sia per voi che per il vostro avversario.

Non si tratta di me e dell'altro 'ciascuno'.
Se è per ogni
Alla fine è uno per me e uno per loro.

Nessuna differenza.
Non sono queste le vere scuse.

Le persone che beneficiano delle scuse sono
Piuttosto che separare "io" e "tu
Il nuovo è "sia io che tu".

La mia posizione, la tua posizione e la tua posizione sono considerate separatamente.
Non si tratta di stabilire chi ha più ragione o più torto.
Sulla base di questa vittoria
Non si tratta di chi si scusa con chi.

In quell'evento, in quella situazione, in quel flusso
L'interconnessione e l'esclusione reciproca
Una nuova posizione.

Invece di due distinti
Una con due polarità.
Inoltre, uno ma con due polarità.

Quando si sente questa posizione,
Quando ci si trova in questa posizione,
Chi si scusa per primo
È possibile percepire le scuse sincere del cuore in risposta.
apparirà e
Chiunque riceva delle scuse
Insieme, il cuore risponde.
E il perdono avviene.

E poi qualcuno si scusa ed è umiliante e
Non si tratta di chi è superiore perché ha ricevuto delle scuse.
Due menti collegate come una sola
Si rilassano insieme e
Si fondono insieme.

Una vera e propria apologia,
Non fa per me.
Non è per voi.
Non è per me, non è per voi, non è per ciascuno di noi.

Una vera e propria apologia,
come una nuova con due polarità
È per "me e per te".

◆◆◆

Sintesi

Le vere scuse non riguardano voi, ma noi. Le scuse sono difficili per una serie di motivi, ma fondamentalmente perché non sappiamo a chi stiamo chiedendo scusa. Le scuse non riguardano "me" e "te", ma il nuovo "noi" che stiamo formando. Non si tratta di posizioni individuali o di giudizi su ciò che è giusto e ciò che è sbagliato, ma di comprendere i modi intrecciati in cui siamo tutti influenzati l'uno dall'altro. Le vere scuse creano un momento in cui due cuori legati si sciolgono e si fondono in uno solo.

5.8 Rincontrare se stessi attraverso un altro sé

: Oltre il sé - Un viaggio attraverso gli altri

Io attraverso te, tu attraverso me

Completo amore per se stessi.

Completare la propria esistenza.

Gli esseri umani sono creature relazionali. Nel corso della nostra vita, entriamo e usciamo da molti tipi di relazioni. Amicizie, relazioni, matrimoni...

E hanno figli. C'è anche una relazione di insegnamento e apprendimento.

Forse uno dei fenomeni più misteriosi è l'atto di relazionarsi. È il processo attraverso il quale un'entità viene all'esistenza al di là di se stessa. Non si tratta tanto di un "io e te che si incontrano", quanto di un "io che si incontra attraverso un altro io". L'io non è lo stesso io di prima.

Le relazioni diventano un modo per completare l'amore per se stessi. Diventano un'opportunità.

La più misteriosa di tutte le relazioni è quella della procreazione. Questo non vuol dire che le relazioni tra amici, amanti o insegnanti e studenti siano meno misteriose. Sono tutti ricchi di significato e di mistero. Ma l'atto della procreazione ha un'intensità più diretta. Sia fisicamente che mentalmente.

Attraverso i loro bambini, i genitori incontrano per la prima volta l'"io al di là di me, l'io fuori di me" in una realtà vivida. Per i genitori, i bambini diventano addirittura "più preziosi di me".

Non è questo il tipo di esperienza mistica che è possibile solo attraverso la filosofia o la religione profonda?

Gli esseri umani non sono le uniche creature che fanno figli. Nella sua forma più arida, è l'istinto a riprodursi, l'istinto a mantenere la specie.

Un altro modo di vederla è che è l'istinto di incontrare me attraverso un altro me. Lo scopo di questo incontro è completare l'amore di sé. In altre parole, è il completamento dell'esistenza di sé. Forse è più un fenomeno inconscio o archetipico che cosciente.

L'amore di sé non si completa necessariamente con i figli. Può avvenire anche in altri tipi di relazioni. Inoltre, la relazione tra genitori e figli non è sempre buona e positiva; a volte può essere tragica o distruttiva.

Ciò che i genitori sperimentano, anche di fronte a tale negatività, è il superamento dell'attaccamento all'"io solo", o all'illusione, all'ignoranza e all'assenza di nome. Forse questa è un'esperienza più profonda e intensa del concetto buddista di assenza di sé. Se vissuta e riconosciuta correttamente. Tuttavia, anche come genitori, se ci attacchiamo ai nostri figli, se mettiamo i nostri desideri al primo posto, se trascuriamo le cose che dobbiamo proteggere e tenere a mente per gli altri, soffriremo, il che richiede sforzo, consapevolezza e intuizione.

Ogni relazione che abbiamo ha questo elemento archetipico.

Pertanto, noi,

Ogni relazione che avete nella vita

Finché i legami nella relazione non si esauriscono e non si interrompono, il

Prendiamola in considerazione e prendiamola in cura nel miglior modo possibile.

Ogni relazione è un'opportunità.

Non si tratta solo di me o solo di loro.

Al di là di me e di lui, per l'esistenza stessa.

E per la perfezione dell'amor proprio degli esseri.

◆◆◆

Sintesi

Le relazioni sono un processo di trascendenza di se stessi; non si tratta di "incontrare gli altri attraverso me", ma di "incontrare me attraverso gli altri". Le relazioni genitori-figli sono le più misteriose, perché ci permettono di sperimentare direttamente l'io fuori di me. Non si tratta di un semplice istinto di conservazione della specie, ma dell'istinto di incontrare il sé attraverso l'altro. Ogni relazione offre l'opportunità di perfezionare l'amore di sé e di completare l'esistenza. Pertanto, dovremmo curare e coltivare tutte le relazioni, non solo per il bene dell'individuo, ma per il bene dell'esistenza stessa e per il perfezionamento dell'amore di sé.

5.9 Tu ed io non siamo "due separati" né "uno". Siamo "uno con due poli"

: Esplorare il concetto di unità nelle relazioni

Da un po' di tempo uso l'espressione "uno con due polarità".

(Il posto del "due" qui può essere "N", dove N è un numero reale fino all'infinito).

Applicando questo concetto alle relazioni umane, si ottiene quanto segue

Io e te non siamo due persone separate, ma "uno con due polarità".

Per esempio, un amante o una coppia non sono due persone separate, ma una "nuova persona con due polarità". Quando una famiglia ha una mamma, un papà e dei figli, non sono due persone separate, ma una nuova persona con più polarità. Quando c'è un gruppo di persone coinvolte, non sono persone separate, ma una "nuova persona con tante polarità".

Sono due ma uno, uno ma due. Non è un due completamente separato, ma nemmeno omogeneo. È un nuovo due con polarità multiple. Un amante, una coppia, una famiglia, un gruppo.

Ora l'obiettivo finale della relazione o del gruppo non è la felicità del singolo "io", ma la felicità del "Nuovo".

Se ignoriamo questo aspetto e continuiamo a pensare a loro come a due entità completamente separate, ognuna delle quali si aggrappa alla propria posizione, prospettiva e felicità, la nuova non potrà che soffrire. Ecco perché molti innamorati, coppie e famiglie vogliono essere felici, ma alla fine nessuno è felice. Questo perché non perseguono la felicità del "nuovo" che esiste. Considerano solo le polarità ancora separate.

Al contrario, i problemi sorgono quando pensiamo al tutto senza considerare la posizione o la felicità di ogni polarità (individuo). L'insieme è composto da ogni polarità, come se fosse una quantità senza polarità. Diventa una "unità ignorata dalle polarità". Le polarità esistono. Pertanto, devono essere considerate.

Né l'individualismo né il totalitarismo sono la risposta.

Dovremmo affrontare la questione dalla prospettiva di un "nuovo con N polarità".

Se un problema tra amanti, coppie, famiglie o membri non si risolve, è necessario essere fluidi, proattivi e saggi nella scelta dei metodi e delle soluzioni, a volte tenendo conto delle polarità, a volte di uno, a volte di entrambi gli aspetti contemporaneamente, a seconda della situazione e delle esigenze.

Trovate difficile o frustrante quando il vostro partner, marito o moglie, figlio o genitore non fa ciò che volete? Se è così, verificate se vi state aggrappando alla posizione e alla prospettiva di una polarità o dell'altra. Sto facendo qualcosa che è incentrato su quella polarità, la mia o quella dell'altro? Vediamo cosa c'è per il "nuovo", comprese tutte le polarità. Concentratevi su quello che è l'obiettivo originale.

In molti casi, non riusciamo a lasciare andare la "posizione di polarità" e continuiamo a insistere su ciò che è soddisfacente e felice per me. Ora, invece di questa prospettiva, anche se io, "questa polarità", non sono soddisfatto, posso mettere da parte la mia ostinazione e considerare: "Cosa renderebbe felice l'intera persona? Considerando insieme le altre polarità.

Inizieranno ad apparire e ad emergere nuove soluzioni e modi che prima erano invisibili. Quando il tutto diventa felice, allora io e voi, le polarità al suo interno, diventiamo felici insieme. E quando ogni polarità è felice, il tutto è felice. Affrontiamo ogni situazione di conseguenza.

◆◆◆

Sintesi

Nelle relazioni umane, l'io e il tu non sono entità separate, ma possono essere visti come "uno con doppia polarità". Questo vale per tutte le relazioni: amanti, coppie, famiglie e gruppi. L'obiettivo finale di queste relazioni non è la felicità individuale, ma la felicità del "nuovo". Invece di cercare la completa separazione o omogeneizzazione, dobbiamo bilanciare la posizione di ciascuna polarità con quella dell'insieme. La soluzione dei problemi richiede saggezza e flessibilità per considerare contemporaneamente la polarità, l'insieme o entrambe le prospettive, a seconda della situazione. Quando il tutto è felice, ogni polarità è felice, e quando ogni polarità è ugualmente felice, il tutto è felice.

5.10 Due verità (N verità)

: Dalle "mie verità" alle "nostre verità": abbracciare molteplici realtà

conflitti o lotte personali, come l'odio per se stessi
O un
Nei conflitti multipli
Ciò che interessa a tutti è
'ciò che è giusto' o
Si tratta di chi ha ragione.

Sappiamo tutti che
Che si tratti di una singola persona o di più di una
Alla fine, dovrete scegliere tra "uno che si adatta, uno che è reale" e
È necessario trovare e confermare
Se la situazione si risolve
perché

Il
È una fede in una "unica verità".

/?

Tuttavia,
Attraverso ogni tipo di educazione e indottrinamento
Oltre alle credenze inconsce che vengono create a vostra insaputa,
la
Sostenere l'"unica verità

Non ci sono prove.

Naturalmente, a seconda della situazione
Quale affermazione è più probabile che sia vera o
Senso comune e universalità
Ci sono momenti in cui è necessario essere precisi.
In questi casi, è necessario prestare attenzione e usare
Assicuratevi di avere un finale accurato e appropriato.
Non c'è dubbio.

Tuttavia, il
Se nella vita di tutti i giorni si flirta strettamente, si può usare il metodo
Non molto.
Il più delle volte non importa chi abbia ragione o torto.
Non è una cosa così importante nella vita.

Anche in quei momenti, dobbiamo ricordare che
Cercano di coprire le loro tracce.
Io, la nostra parte è giusta, corretta, accurata
Volete essere riconosciuti.

Io sono la verità. Questa verità è mia!".
È una sorta di bisogno di riconoscimento.

Questo è in gran parte inconsapevole e
È una reazione automatica.
Una verità" significa
Non può essere attestato da nessuno o

Questo perché non è un dato di fatto.

È solo che noi ci sentiamo così, lo vediamo come

Basta crederci.

Se notate questo

Molte cose cambiano.

Un'espressione più precisa e utile è

Ci sono N verità'.

Ancora il preferito di tutti

Una sola verità" è ovviamente possibile,

Anche le vostre e le mie "due verità" sono possibili.

E le "N verità" di tutti noi.

'Non causerebbe troppa confusione?

Potreste essere preoccupati.

Proprio così. Può essere.

Ecco la cosa più importante.

Anche questa non è una risposta obbligatoria o l'unica corretta.

In altre parole, le "N verità" non sono le uniche verità.

Le "N verità" di questa frase sono le

Non è una regola su cui compiacersi.

Il punto è solo quello di "farne buon uso".

Se questo è più utile e più efficiente

Bisogna solo essere disposti a usarla.

Non siamo schiavi della verità, ma di

Perché è il maestro della verità.

Quindi, quando si ha bisogno di "una verità", si ha bisogno di

Ed essere disposti a usarlo.

Tuttavia, lo fa in un modo che rende possibile avere due verità, N verità

Mantenere aperte le possibilità.

Quindi, d'ora in poi, si userà il metodo

La credenza in "un'unica verità" e l'insistenza e l'imposizione di

Se è difficile per me e per te e per noi

Non tenetevi solo quello

Vediamo la "mia verità" e vediamo la "tua verità" insieme.

E se si ha bisogno anche di molte altre "nostre verità", si può utilizzare la funzione

Guardiamolo insieme.

Così il problema che era irrisolvibile quando ci attenevamo a "una sola verità" è diventato

Due verità

Cioè, se si libera quando vediamo la mia verità e la tua verità simultaneamente

Questa è vera saggezza.

I conflitti, gli scontri e i problemi sono numerosi.

Può funzionare così.

Il vero obiettivo siamo io, tu e la nostra felicità.

Perché non è la "verità".

/?

Finalmente una battuta.

Forse la "verità è una

Le nostre sensazioni, percezioni e convinzioni sono

Forse perché il sole che vediamo è uno solo.

Da sempre gli esseri umani guardano questa cosa, il sole.

Lo guardo da quando sono nato e lo guardiamo tutti insieme.

C'è una certa sensazione istintiva di "ci deve essere qualcosa di vero in questo!

Non so nemmeno se esiste.

Se ci sono due o più soli nel

Se siete nati in una certa stella

La verità è che forse state pensando

Non si sa mai.

Sto scherzando, ovviamente.

Tuttavia, il motivo per cui sto facendo questa battuta è che

È in questo modo che possiamo vedere che la

Questo sentimento e questa convinzione

Questo perché può essere preso con molta leggerezza.

Dispone anche di un

Questo perché è in realtà piuttosto leggero.

(tranne quando è necessario usare la mano pesante)

◆◆◆

Sintesi

Spesso crediamo che esista un'unica verità, ma questa è solo una convinzione inconscia inculcata dall'educazione e dalla società. Nella maggior parte della vita, una distinzione rigida tra giusto e sbagliato non è necessaria. Il concetto di "N verità" può essere più utile e accurato. Questo concetto comprende una singola verità, due verità (la vostra e la mia) e tutte le nostre N verità collettive. Questo approccio deve essere utilizzato come strumento, non come regola, e deve essere applicato in modo flessibile, a seconda della situazione. Il vero obiettivo è la mia, la tua e la nostra felicità, piuttosto che la verità in sé. Questa prospettiva può aiutare a risolvere molti conflitti e disaccordi.

Tutti vogliamo essere felici. Il più delle volte pensiamo che per essere felici dobbiamo avere determinate cose, o condizioni. Le condizioni della felicità, per così dire. Ma tecnicamente parlando, la felicità è un sentimento, non una cosa.

Se avete letto questo libro, ormai sapete che non sto dicendo che i contenuti non sono importanti o che non ne abbiamo bisogno. Creiamo e dotiamoci dei contenuti più saggi e significativi che possiamo. Non c'è nulla che non possiamo fare e nulla che non faremo. Non si tratta solo di me, ma di noi e della società.

Notate che la felicità non è determinata da o a causa del contenuto, perché alla fine tutto il contenuto serve solo a creare una "sensazione di felicità". La chiave è la sensazione, non il contenuto. Il contenuto, pur essendo necessario, è piuttosto secondario.

Siamo troppo presi dal contenuto, dalle condizioni. È bene averle come mezzo appropriato per la felicità, ma non dobbiamo credere che la felicità sia impossibile senza certe condizioni. Lo stesso vale per la convinzione che possiamo essere felici solo se abbiamo certe cose che gli altri e la nostra società e cultura approvano. In questo modo si rinuncia all'obiettivo originario della felicità e al sentimento di felicità per qualcosa che è solo una condizione. Sia l'individuo che la società sono colpevoli di questo. È un'inversione completa. Il pubblico è cambiato.

Forse è per questo che la nostra società e i nostri individui soffrono così tanto e inutilmente rispetto ad altri Paesi e società. Sia gli individui che la società devono cambiare. Gli individui devono cambiare se stessi per creare la propria felicità e la società deve cambiare con loro. Questo è il nostro dovere e la nostra responsabilità comune, ma è anche un nostro diritto.

Quando diamo priorità al "contenuto" per la felicità, continueremo a perseguire le cose sbagliate, sia come individui che come società. Le vecchie abitudini del passato, ciò che gli altri e la società vogliono invece di ciò che vogliamo noi, lo sfruttamento degli altri per il nostro beneficio personale e collettivo, una visione ristretta del mondo, non dell'intero, e leggi, istituzioni, politica ed economia distorte che favoriscono alcune fazioni.

Tutti questi sono effetti collaterali dell'eccessiva ricerca di "contenuti" fossilizzati piuttosto che di una vera felicità e di un senso di benessere. E in questo momento la nostra società sta fallendo. Perché il contenuto non è una condizione per la felicità. Per essere davvero felici, per sentirci davvero felici, dobbiamo smettere di essere usati dal contenuto e iniziare a usare il contenuto. Dobbiamo continuare a trovare e sostituire ciò che ci serve davvero. Se è utile, tenetelo, ma se non è più utile, se sta causando inutili sofferenze agli individui e alla società, lasciatelo andare. Per l'individuo e per la società.

Questo libro non parla di felicità, ma se si lavora attraverso i problemi dell'odio per se stessi, della proiezione, dell'identità, del dolore, delle relazioni e altro ancora, la felicità arriverà come risultato. Non intendo dire che questo libro vi renderà felici, ma che sarà il risultato del superamento delle sfide della vita, come ad esempio le 5 A.

Le prospettive, i valori e le idee espresse in questo libro possono essere molto interessanti e familiari per alcune persone, mentre altre possono sentirsi un po' estranee e distanti. Per alcuni sarà l'opposto di ciò che pensano normalmente, e per altri alcune delle idee contenute nel libro risuoneranno con loro e altre sembreranno distanti. Non c'è problema. L'importante è che, in ogni caso, se in questo libro troverete qualcosa che cambierà voi e la vostra vita in meglio, lo impariate e lo facciate vostro. Non perché qualcuno vi ha detto di farlo. Lo farete perché lo volete e lo farete. Tutti noi abbiamo questo potere nella nostra vita.

Spero sinceramente che chiunque legga questo libro sia felice. Non in base a ciò che gli altri e la società vi impongono, ma in base a ciò che scegliete attivamente per voi stessi. Inoltre, a prescindere da tutto il resto. Siate padroni della vostra felicità, non inseguitori di ciò che gli altri decidono che debba essere.

- fine

L'autore

MuRu

MuRu è una psicoanalista contemplativa. Da oltre 15 anni gestisce il "Centro MuRu" in Corea del Sud. È specializzata in consulenze, formazione, coaching e consulenza nei campi della meditazione, della coscienza e della psicologia.

Con un profondo interesse per la psicologia umana e la coscienza, ho esplorato varie tecniche e teorie di meditazione sia orientali che occidentali, nonché la psicologia e la scienza del cervello, applicandole nei miei programmi di psicoterapia, formazione, coaching e consulenza. In generale, la meditazione è forte nel suo approccio fondamentale all'essere umano e debole nelle questioni psicologiche dettagliate. La psicologia, invece, è forte nelle questioni psicologiche dettagliate ma debole negli approcci fondamentali all'essere umano.

Attraverso i suoi anni di esperienza e di ricerca, MuRu ha sviluppato un approccio chiamato Psicoanalisi Contemplativa che fonde i punti di forza della meditazione e della psicologia. Combina in modo unico i moderni progressi della psicologia e della scienza del cervello con la saggezza e le intuizioni tradizionali e fondamentali della meditazione per fornire diagnosi e soluzioni per la psicoanalisi individuale e di gruppo.

Per farlo, l'autore utilizza la propria "metodologia del meta-pensiero". Il meta-pensiero può essere descritto come "pensare al pensiero, pensare dentro e oltre il pensiero". È l'approccio a tutte le idee, gli stereotipi, i concetti, ecc. esistenti da una prospettiva completamente libera, senza accettarli incondizionatamente. Per fare questo, nessun pensiero è assoluto e il pensiero stesso è visto come un oggetto da trattare.

In altre parole, il meta-pensiero è una metodologia per diventare padroni dei propri pensieri e non schiavi di essi. È un modo per pensare in modo libero e creativo senza rimanere intrappolati nelle prigioni e nelle cornici del pensiero convenzionale. Nel corso di Self-Hatred, viene illustrata la metodologia di meta-pensiero di MuRu, che consiste nell'"abbracciare volentieri" i pensieri e i ricordi, sia positivi che negativi, superandoli allo stesso tempo.

La sua psicoanalisi sottolinea la "simultaneità dell'individuo e della società collettiva": qualsiasi fenomeno o problema è solo una questione di grado, ma i due elementi sono legati tra loro e non esiste una società puramente individuale o puramente collettiva. La "psicoanalisi contemplativa" di MuRu considera sempre come oggetto sia l'individuo che la società collettiva.

Per oltre un decennio ha scritto quasi 500 articoli in diverse categorie, tra cui psicologia, illuminazione, approfondimenti quotidiani e recensioni di film, per un servizio di brunch coreano (https://brunch.co.kr/@philosophus). Attualmente ha più di 10.000 lettori e ha ricevuto quasi 2 milioni di visualizzazioni totali.

MuRu ha pubblicato due libri in Corea. Uno si intitola "L'odio di sé" e l'altro "L'illuminazione di MuRu". I sottotitoli sono: "Self-Hatred - Why Do We Hate Ourselves? How to Move Beyond Self-Hatred and Regain Peace of Mind" e "MuRu's Enlightenment - Beyond Reason, Religion, and Spirituality, into the Age of Awareness and Awakening". Attualmente entrambi i libri sono in corso di traduzione e pubblicazione in giapponese e in inglese, con l'intenzione di tradurli e pubblicarli anche in altri Paesi dell'Europa e dell'Asia (persone o case editrici interessate a collaborare alla traduzione e alla pubblicazione di questi due libri possono contattare il Centro MuRu per discutere e organizzare collaborazioni specifiche).

L'indirizzo e-mail è philosophus@naver.com

Altri libri dell'autore

- **"Odio di sé"**
  Perché odiamo noi stessi?
  - Come superare l'odio per se stessi e ritrovare la pace mentale
  (Titolo inglese:
  [Self-Hatred] : Why Do We Hate Ourselves? Beyond Self-Hatred, How To Regain Peace Of Mind)

Basato su decenni di consulenza psicologica di MuRu, "Self-Hatred" utilizza l'esclusiva tecnica di "psicoanalisi contemplativa" di MuRu per fornire un'analisi profonda e una soluzione al fenomeno psicologico dell'odio di sé che affligge le persone moderne.

Il libro comprende argomenti come l'odio per se stessi, i metodi di guarigione per vari traumi, come evitare di essere feriti nella vita quotidiana, approfondimenti sulle relazioni interpersonali e sulla maturità psicologica. È scritto da una "prospettiva psicologica basata sui principi dell'illuminazione" che va oltre la psicologia convenzionale.

Tutti hanno un certo grado di odio per se stessi. Esso deriva dall'autovigilanza e dall'introspezione, ma il problema è quando questa psicologia supera il grado normale e si manifesta come autoironia, autocolpevolizzazione e senso di colpa. Per superarlo, dobbiamo capire il meccanismo che sta alla base dell'odio per se stessi e renderlo consapevole. Alla base dell'odio per se stessi c'è l'amor proprio e il senso di superiorità, che viene distorto e porta a conseguenze negative. C'è una colpa istintiva nell'identificarsi con un'immagine negativa di sé e nel difenderla. Dobbiamo riconoscere il valore incondizionato della nostra esistenza, senza condizioni. Anche l'odio verso gli altri può essere un'espressione dell'odio per se stessi e deve essere superato. Le ferite e i traumi del passato non vanno evitati o repressi, ma accolti e superati. Nelle relazioni, possiamo vivere una vita più felice e ricca cercando l'amore orizzontale piuttosto che la dipendenza verticale.

- **"L'illuminazione di Muru**
  Oltre la ragione, la religione e la spiritualità, verso un'era di consapevolezza e risveglio
  (Titolo inglese:
  [MuRu's Enlightenment] : Embracing And Transcending Reason, Religion, And Spirituality, Towards An Age Of Self-Awareness And Awakening)

"L'Illuminazione di Muru" è un libro sul contenuto effettivo dell'illuminazione e su come raggiungerla nel corso della storia umana. Questo libro è costituito dal contenuto centrale dell'"Illuminazione non dualistica", la saggezza fondamentale dell'umanità comune sulla terra. È un resoconto dettagliato e approfondito dell'"unica vera illuminazione" che esiste nella storia dell'umanità in molte regioni e in tutte le epoche. Spiega con dovizia di particolari che l'illuminazione non è qualcosa di estraneo o difficile, ma qualcosa che tutti possono capire e che chiunque può raggiungere l'illuminazione se praticata correttamente.

L'"illuminazione" a cui si fa riferimento ne L'illuminazione di Muru è la stessa di cui parla il Buddha Shakyamuni. Non si tratta solo del buddismo, ma di illuminazioni simili che sono state registrate o mostrate nel corso della storia umana. Per esempio, l'illuminazione di Lao Tzu e Chuang Tzu nel Taoismo e quella di altre tradizioni di saggezza, come Jönchen nel Buddismo tibetano, il Vedanta nell'Induismo e il Buddismo Zen.

Questi risvegli si sono verificati in tempi diversi, in luoghi diversi e a persone diverse, ma le intuizioni di questi risvegli sono le stesse: sono la proprietà comune dell'umanità, il fenomeno comune dell'umanità. In ogni epoca, in ogni regione, ci sono state persone che hanno avuto lo stesso "risveglio", i loro insegnamenti si sono diffusi e la maturazione della coscienza umana è avvenuta in tutti i settori della civiltà.

MuRu, il titolo di questo libro, è il nome dell'autore di questo libro e significa anche "nessuna perdita" nel buddismo. 'muru' è la pronuncia coreana del carattere cinese 無漏. In muru, 無 è "mu mu mu" e 漏 è "sal ru ru". Muru, tradotto direttamente, significa "niente più sofferenza" e nel Buddismo significa "lasciare la sofferenza". L'assenza di sofferenza. Lo stato di illuminazione in cui non c'è sofferenza. Significa che non c'è più sofferenza che fluisce o fuoriesce. Il termine opposto è "yuru" (有漏). Il significato di yuru è "impigliato nella sofferenza". Significa che c'è ancora una perdita, che c'è ancora sofferenza umana e dolore che sorge. La relazione tra yuru e muru è simile alla corrispondenza tra azione e inazione, sono e non sono. L'"illuminazione di Muru" non è l'illuminazione veicolata da testi e teorie, né l'illuminazione coltivata o schematizzata, ma piuttosto "l'illuminazione reale completa, in cui non c'è più dolore e sofferenza umana".

Ecco alcuni punti da notare sull'illuminazione In futuro, quando l'intelligenza artificiale (IA) consentirà progressi ancora più rapidi di quelli che abbiamo visto finora, l'"illuminazione" sarà un tema molto importante sia per gli individui che per le collettività. In particolare, l'emergere dell'AGI (intelligenza artificiale generica) porterà probabilmente gli esseri umani a liberarsi dal lavoro, dal capitalismo e così via, e a quel punto la "consapevolezza e l'intuizione illuminata" saranno ancora più necessarie di prima per lo sviluppo e la continuità della civiltà collettiva dell'umanità. Quanto più diffusa e pervasiva sarà l'intuizione illuminata, tanto più avanzata diventerà la civiltà umana, ma in caso contrario essa non farà che crescere in complessità e scala, mentre le sofferenze e le limitazioni fondamentali dell'umanità rimarranno invariate o aumenteranno.

www.ingramcontent.com/pod-product-compliance
Lightning Source LLC
LaVergne TN
LVHW060154051026
849517LV00007B/2671

* 9 7 9 8 9 9 2 2 9 9 9 7 7 *